ISIS

De Goddelijke Vrouw

Moustafa Gadalla

Isis: De Goddelijke Vrouw
door MOUSTAFA GADALLA

INHOUD

1

OVER DE AUTEUR

Moustafa Gadalla is een Egyptisch-Amerikaanse onafhankelijke egyptoloog die in 1944 in Caïro, Egypte werd geboren. Hij heeft een Bachelor of Science-graad in civiele techniek van de univer-siteit van Caïro.

Vanaf zijn vroege jeugd heeft Gadalla zijn Oud-Egyptische wor-tels met passie nagestreefd, door middel van voortdurende studie en onderzoek. Sinds 1990 wijdt en concentreert hij al zijn tijd aan onderzoek en schrijven.

Gadalla is de auteur van tweeëntwintig gepubliceerde interna-tionaal geprezen boeken over de verschillende aspecten van de oude Egyptische geschiedenis en beschaving en haar invloeden wereldwijd. Daarnaast exploiteert hij een multimediacentrum voor nauwkeurige, educatieve studies van het oude Egypte, gep-resenteerd op een boeiende, praktische en interessante manier die het grote publiek aanspreekt.

Hij was de oprichter van de Tehuti Research Foundation, die later in meer dan tien talen werd opgenomen in het meertalige Egyptian Wisdom Center (https://www.egyptianwisdomcenter.org). De website omvat ook een andere lopende activiteit, waaronder zijn creatie en productie van podiumkunstprojecten zoals de Isis Rises Operetta, Horus The Initiate Operetta; Egyptian Goddesses Operetta; en er zullen nog een paar andere producties volgen.

2

VOORWOORD

In tegenstelling tot andere boeken, zal dit boek zowel uw geest als uw hart met uitgebreide kennis en het hele spectrum aan emoties vullen.

Dit boek geeft uitleg over het goddelijke vrouwelijke principe als de bron van creatie, zowel metafysisch als fysiek; de relatie (en eenheid) van de vrouwelijke en mannelijke principes. Daarnaast geeft het uitleg over ongeveer twintig godinnen als manifestaties van de vrouwelijke attributen; de rol van de ideologie van Isis wereldwijd en nog veel meer. Deze uitgebreide editie van het boek is onderverdeeld in acht hoofdstukken en drie appendices.

Hoofdstuk 1: *De Moeder van de Creatie* behandelt de rol die Isis heeft ten tijde van de creatie, waarbij ze een beeld is van de totaliteit van creatie, en tevens haar relatie met Ra en Osiris.

Hoofdstuk 2: *Het Dualisme van Isis* behandelt haar dualistische aard als het Heilige Intellect en tevens de Cyclus van Creatie en de Universele Baarmoeder.

Hoofdstuk 3: *Isis en Osiris—Het Dynamische Duo* geeft uitleg over de gecombineerde rollen van Isis en Osiris bij de ontwikkeling en het ontstaan van alle creaties in het universum.

Hoofdstuk 4: *Isis: De Moeder van "God"* behandelt haar rol in de Goddelijke onbevlekte ontvangenis van haar zoon Horus, het concept van Maagdelijkheid, haar vlucht en schuilen—samen met haar baby—voor het gevaar van de kwaadaardige machten en het opofferen van het leven van haar zoon.

Hoofdstuk 5: In *De numerologie van Isis en Osiris* worden de getallen van Isis en Osiris, 2 en 3—welke de primaire getallen van de creatie en groei zijn; en hoe deze twee getallen alle vormen, de muzikale harmonie en het ritme van het universum doen ontstaan, beschreven.

Hoofdstuk 6: *Het groot aantal attributen* van Isis beschrijft de zestien vrouwelijke godinnen—de manifestaties van Isis als het vrouwelijke principe van het gecreëerde universum.

Hoofdstuk 7: In *De Beminde in alle landen* wordt de wereldwijde verspreiding van de Egyptische religie beschreven en hoe dergelijke geloven voortleven in het christendom; en hoe de religieuze festivals van Isis in het Oude Egypte door het christendom werden overgenomen voor Maria, op dezelfde datums als de Egyptische kalender.

Hoofdstuk 8: *Het Machtige hart* gaat over de eeuwigdurende krachtige invloed van Isis op de mensheid als zoeker naar comfort en een panacee.

Appendix 1: *Egyptische kosmologie en allegorieën* legt uit waarom goed geconstrueerde allegorieën de beste—en misschien wel de enige—manier zijn om ingewikkelde onderwerpen te behandelen zodat de informatie door iedereen wordt begrepen.

Appendix 2: In *De Universele Egyptische allegorie—Isis en Osiris* staat een verkorte versie van het verhaal van de Egyptische allegorie over Isis en Osiris, met nadruk op de rol van Isis als het heilige vrouwelijke principe, manifestaties en gebruik. Het verhaal wordt in stukken verteld, elk gevolgd door een korte metafysische evaluatie van elk segment.

Appendix 3: In *Hart en ziel—Metafysische bespiegelingen* staan de metafysische aspecten van het hart (Isis) en de ziel (Osiris) en hoe een mens in staat is om het hart en de ziel met elkaar samen te laten komen.

Moustafa Gadalla

3

STANDAARDEN EN TERMINOLOGIE

---

1. Het Oud-Egyptische woord neter, en de vrouwelijke vorm daarvan, netert, zijn door bijna alle academici verkeerd, en dit mogelijk expres, vertaald als god en godin. Neteru (meervoud van neter/netert) zijn de goddelijke principes en functies van de Ene Almachtige God.

2. Eenzelfde Oud-Egyptische term kan in verschillende varianten worden aangetroffen zoals Amen/Amon/Amun of Pir/Per. Dit komt doordat de klinkers die in vertaalde Egyptische teksten staan slechts benaderingen zijn van de klanken die worden gebruikt door westerse Egyptologen als hulp bij het uitspreken van de Oud-Egyptische termen/woorden.

3. In dit boek gebruiken we woorden die bekend zijn bij Nederlandstaligen en die een neter/netert [god, godin], een farao of een stad aanduiden; gevolgd door andere "variaties" van het woord/de term.

Merk op dat de echte namen van de goden of godinnen geheim werden gehouden zodat ze hun kosmische krachten niet zouden verliezen. Naar de Neteru werd verwezen in epitheta die een bepaalde kwaliteit, attribuut en/of aspect(en) van hun rollen beschreven. Dit is ook van toepassing op gewone termen zoals Isis, Osiris, Amon, Ra, Horus et cetera.

4. In dit boek worden de volgende termen gebruikt als de Latijnse kalender wordt gevolgd:

BCE – Before Common Era (V. Chr.—Voor onze jaartelling.) wordt in andere bronnen ook wel als BC (Before Christ—Voor Christus) geschreven.
CE – Common Era (Onze jaartelling.) wordt in andere bronnen ook wel als AD (Anno Domini) geschreven.

5. In dit boek wordt de term Baladi gebruikt om de huidige zwijgende meerderheid van Egyptenaren te omschrijven die de tradities uit het Oude Egypte nog volgen onder een dunne buitenlaag van de Islam.[Raadpleeg *Ancient Egyptian Culture Revealed* door Moustafa Gadalla voor meer informatie hierover.]

6. Er waren/zijn geen geschriften/teksten uit het Oude Egypte die door de Egyptenaren zelf als "religieus", "begrafenis", "heilig" et cetera werden betiteld. Westerse academici hebben de teksten uit het Oude Egypte arbitraire namen gegeven zoals het "Boek van dit" en het "Boek van dat", "divisies", "uitingen", "spreuken" et cetera. Westerse academici besloten zelfs dat een bepaald "boek" een "Thebaanse versie" had of "een versie uit die of deze tijdsperiode". Nu ze hun eigen uitvindsels zelf zijn gaan geloven, beschuldigen academici de Oude Egyptenaren van fouten en onvolledigheden in hun geschriften?!

Voor het gemak van de lezer maken we gebruik van de algemene maar arbitraire onderverdeling van Oud-Egyptische teksten door Westerse academici zelfs als de Oude Egyptenaren dit zelf niet deden.

4

MAP VAN EGYPTE

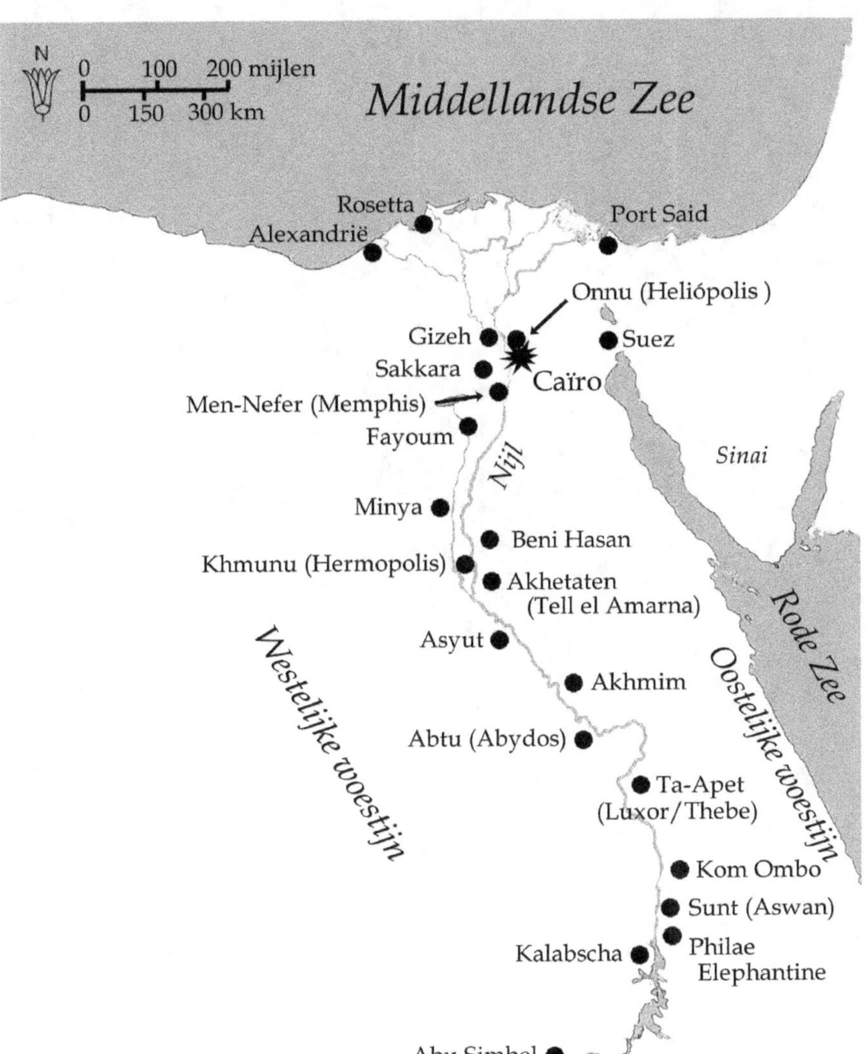

N
0   100   200 mijlen
0   150   300 km
Middellandse Zee
Rosetta
Port Said
Alexandrië
Onnu (Heliópolis)
Gizeh
Suez
Sakkara
Caïro
Men-Nefer (Memphis)
Fayoum
Nijl
Sinai
Minya
Beni Hasan
Khmunu (Hermopolis)
Akhetaten
(Tell el Amarna)
Westelijke woestijn
Asyut
Akhmim
Rode Zee
Abtu (Abydos)
Ta-Apet
(Luxor/Thebe)
Oostelijke woestijn
Kom Ombo
Sunt (Aswan)
Kalabscha
Philae
Elephantine
Abu Simbel

ISIS: DE MOEDER VAN CREATIE

1.1 HAAR NAAM

De naam Isis zoals die tegenwoordig wordt gebruikt, is beperkt tot haar aspecten van de aanbidding van het moederschap, trouw en tederheid. Maar ze is meer dan dat—ze staat voor het goddelijke vrouwelijke principe dat de kracht van creatie omvat die alle levende wezens—zowel fysiek als metafysisch—verwekte en voortbracht.

De Oude Egyptenaren zagen Isis als het symbool van het kosmische vrouwelijke principe. Dit principe omvat duizenden vrouwelijke kwaliteiten en attributen en de Egyptenaren hadden termen om elke manifestatie van dit vrouwelijke principe te beschrijven.

In de Nederlandstalige cultuur is een *naam* niet meer dan een etiket om iets of iemand van iets of iemand anders te onderscheiden. Maar voor de Egyptenaren, en dat geldt voor zowel de Oude Egyptenaren als de zwijgende meerderheid van vandaag, staat een gewone "naam" voor de samenvatting of synopsis van de kwaliteiten en attributen van een entiteit. Egyptische *gewone namen* zijn attributen en kwaliteiten van een entiteit. Dit fenomeen zie je ook in het Nederlands waar woorden voor timmerman, boer et cetera voor een bepaalde activiteit staan.

In het Nederlands gebruiken we de *naam* Isis, maar de

Egyptenaren hadden een representatieve term die de totaliteit van haar kosmische vrouwelijke principe erkent. Dit allesomvattende Egyptische woord/term is **Auset**. Wat schuilt er nu achter deze Oud-Egyptische "naam"? Laten we de betekenissen van Auset eens bekijken om aan te tonen hoe een naam voor kwaliteiten en attributen kan staan.

Auset bestaat uit de stam **Aus** en het achtervoegsel **et**. Aus betekent *de bron, de macht*. In de wiskunde zeggen we twee tot de tweede macht. Die wiskundige macht wordt *Aus* genoemd. Het achtervoegsel 'et' aan het einde van Aus-et, is het vrouwelijke einde.

Aus betekent niet alleen de bron en de macht, maar ook *de oorsprong, de oorzaak*.

In die context laten we zien hoe Auset de bron, macht en oorzaak van het gecreëerde universum is, inclusief alles in dit universum.

Een andere interessante betekenis voor Au-set is **De Vrouwe** en ze is inderdaad de Vrouwe van Hemel en Aarde. Ze staat voor het vrouwelijke principe in het universum. Dit principe manifesteert zich in verschillende vormen en manieren en daarom werd Isis door de Oude Egyptenaren *Auset [Isis] van de 10.000 namen (attributen) genoemd.*

Een aantal woorden vinden hun oorsprong rechtstreeks inde Egyptische naam Auset, zoals *Seta*, dat het getal zes betekent. Dit is erg belangrijk omdat zes het ultieme getal van ruimte, volume en tijd is. De kubus met zijn zes oppervlakken is het model van de aarde. Op deze wijze symboliseert ze de baarmoeder van het universum en ook de aarde, iets waar we later verder op in zullen gaan. Ook het Nederlandse woord **"zetel"** ("seat") is van de naam Auset afgeleid. Isis wordt altijd afgebeeld met een zetel of troon op haar hoofd om haar te symboliseren als de bron van legitimiteit, iets wat zich manifesteerde in de Oud-Egyptische (en ook bij de zwijgende meerderheid van vandaag) aanhankelijkheid aan de matrilineaire en matriarchale maatschappij. Dit onderwerp zal later in dit boek worden besproken.

Zoals we hebben opgemerkt, is het gebruik van de gewone naam van Isis in het Nederlands een hindernis voor het verkrijgen van waardevolle informatie, kennis en wijsheid. Maar om het voor de Nederlandstalige lezer makkelijker te maken, zullen we het woord Isis en andere namen uit het Oude Egypte die bekend zijn bij de Nederlandstalige lezer, blijven gebruiken.

De rol van Isis als het heilige vrouwelijke principe in het Creatieproces wordt door iedereen erkend. Ze bestaat overal en is al eeuwenlang bij iedereen bekend. Plutarchus merkte dit op in zijn *Moralia Vol. V,*

> *"Isis is, in feite, het vrouwelijke principe van de Natuur, en is ontvankelijk voor elke vorm van genereren, en heeft door de meeste mensen ontelbaar veel namen gekregen, aangezien, vanwege de kracht van de Rede, zij zichzelf in dit of dat ding verandert en ze is ontvankelijk voor alle soorten figuren en vormen".*

Als we de rollen van Isis **als het vrouwelijke principe** van de natuur beter willen begrijpen, dan moeten we haar primaire kosmische rol in de ordelijke volgorde van de Creatie van het universum bespreken.

1.2 DE UNIVERSELE BAARMOEDER

We moeten eerst de staat van het universum vóór de creatie bekijken om zo te leren over de volgorde van de Creatie.

Elke Egyptische tekst over de creatie begint met hetzelfde basisgeloof dat er vóór het begin der dingen een vloeibare primitieve peilloze diepte was—overal, donker, eindeloos en zonder grenzen of richtingen. De Egyptenaren noemden dit de kosmische oceaan/waterige chaos, Nun, wat niet-bestaan betekent. Het niets dat de bron van alles is.

Wetenschappers zijn het met de Oud-Egyptische beschrijving over de oorsprong van het universum als een peilloze diepte eens. Zij noemen die peilloze diepte de neutronensoep, waar elektronen noch protonen bestaan en alleen neutronen een enorme, zeer dichte nucleus vormen. In de toestand vóór de Creatie werd dergelijke chaos veroorzaakt door het samendrukken van materie. Atomen bestonden toen niet in hun normale staat, maar werden zó fijn samengedrukt dat veel atoomkernen werden samengeperst in een ruimte die daarvóór in beslag werd genomen door één normaal atoom. In dergelijke omstandigheden werden de elektronen van die atomen uit hun baan geduwd en konden ze dus vrij bewegen, d.w.z. in een chaotische gedegenereerde staat.

Dit staat voor de ongepolariseerde staat van materie vóór de Big Bang.

De geconcentreerde energie in de neutronensoep van vóór de creatie bleef groeien en bereikte een optimale energieconcentratie die 15 miljard jaar geleden leidde tot de explosie en de expansie ervan en tot wat we nu de Big Bang noemen.

De uitzettingskrachten, die ervoor zorgen dat sterrenstelsels naar buiten toe bewegen, worden tegengewerkt door gravitatie en contractiekrachten, die de sterrenstelsels bijeenhouden. Op dit moment zijn uitzettingskrachten sterker dan de contractiekrachten en daarom breiden de grenzen van ons universum zich nog steeds uit.

Het uitbreidende universum, het gevolg van de Big Bang, is als een grote zeepbel—of nog beter, het is een type baarmoeder dat het hele universum omvat. Dit uitbreidende universum is de baarmoeder die alle creatie bevat. Dit is de baarmoeder van Isis—de universele moeder van alles.

De Creatie vindt plaats als heilige energie en ontstaat in een soort baarmoeder die wordt vertegenwoordigd door Isis. De baarmoeder heeft meerdere betekenissen. Op het universele niveau is het de ruimte die het universum omvat. Het is tevens de baarmoeder van de moeder of de zaden geplant in de aarde—Isis staat voor al deze betekenissen van de baarmoeder.

Wetenschappers vertellen ons dat op een bepaald moment in de toekomst het universum zal stoppen met uitbreiden en zal gaan krimpen. De microgolfstraling van de vuurbal van de Big Bang (die nog steeds aanwezig is) begint in elkaar te klappen, wordt heet en zal weer van kleur veranderen totdat ze weer zichtbaar wordt. De hemel zal eerst rood en daarna oranje, geel en wit kleuren, waarna alles uitloopt op de *Eindkrak*, d.w.z. alle materie en alle straling in het universum zullen ineenkrimpen tot één eenheid.

De *Eindkrak* is zelf niet het einde, want het weer verenigde, geplette universum—neutronensoep—heeft de potentie om een nieuwe creatie te starten, wat de *Big Bounce* wordt genoemd.

Dit toont aan dat creatie in feite een proces is dat de basiscyclus van geboorte-leven-dood en wedergeboorte volgt. Wij erkennen dat deze kosmische cyclus van de Big Bang wordt gevolgd door leven dat wordt gevolgd door de Eindkrak; daarna zijn we gereed voor de Big Bounce en een nieuwe cyclus van creatie.

Niet alleen het hele universum volgt deze cyclus, maar ook de mensheid en andere wezens houden zich aan deze basiscyclus.

Het hoofdthema van alle Oud-Egyptische teksten is de eeuwig-durende cyclische aard van creatie. Het mag daarom geen ver-bazing wekken dat de Oud-Egyptische teksten, die de Big Bang beschreven, ook in de gewone Egyptische symbolische termen een beschrijving gaven van: De Eindkrak en de Big Bounce.

De teksten op Egyptische doodskisten, spreuk 130, leert ons dat:

> *"Na miljoenen jaren van gedifferentieerde creatie, de chaos van voor de creatie zal terugkeren. Alleen de Volledige [Atam] en Aus-Ra blijven—niet langer gescheiden in ruimte en tijd".*

De Oud-Egyptische tekst vertelt ons twee dingen. Het eerste punt is de terugkeer van het gecreëerde universum naar chaos aan het einde van Cyclus van Creatie dat staat voor de Eindkrak. Het tweede punt is het potentieel voor een nieuwe cyclische wed-ergeboorte van het universum zoals gesymboliseerd door de aan-wezigheid van **Aus-Ra**.

Zoals eerder vermeld, staat het woord **Aus** voor de macht van. **Aus-Ra** betekent dus *de macht van Ra [Re]*, oftewel de *wederge-boorte van Ra [Re]*, de creatie in de peilloze diepte in de staat van voor de creatie.

Het hoofdthema van de Oud-Egyptische teksten is de cyclische aard van creatie: geboren worden, leven, doodgaan en weer regenereren.

1.3 DE ENE EN HET AL—ATOEM

De creatie ontstond uit de staat van niet-creatie. Een dergelijke toestand van het universum staat voor het Subjectieve Wezen—vormloze, onbepaalde en ongedifferentieerde energie/materie. De inerte energie ervan is niet actief.

Aan de andere kant is de staat van creatie ordelijk, gevormd, bepaald en gedifferentieerd. De totaliteit van de goddelijke energie tijdens de staat van creatie wordt door de Egyptenaren **Atoem** genoemd.

Atoem betekent *De Ene van alles, de Volledige*. Het is verbonden met de wortel, "**tam**" of "tamam", dat *"compleet"'* of *"een einde maken aan"* betekent.

In Oud-Egyptische teksten betekent Atoem diegene *die voltooit of perfectioneert* en in de Litanie van Ra wordt Atoem erkend als *De Ene Complete, het AL*.

Numerologisch gezien is één geen getal, maar de essentie van het onderliggende principe van het getal en alle andere getallen komen eruit voort. Eén staat voor Eenheid: Het Absolute als niet-gepolariseerde energie. Atoem als het getal Eén is even noch oneven, maar beide. Het is vrouw noch man, maar beide.

Atoem is de totaliteit van de ordelijke matrix van energie tijdens de fase van Creatie, terwijl Nun het ongeregelde energiedeel is—Het Subjectieve Wezen. De totale goddelijke energie binnen het universum wordt in zijn chaotische staat Nun en in zijn ordelijke staat/proces van creatie Atoem genoemd.

Atoem staat voor het vrijkomen, in een geordende reeks, van de bestaande energie in Nun, d.w.z. het tot leven brengen ervan. Dit staat voor het Objectieve wezen.

De Goddelijke energie die zichzelf in de cyclus van creatie mani-festeert, wordt bepaald door de constituerende energie-aspecten ervan die door de Oude Egyptenaren neteru werden genoemd. Die goddelijke energie moet in mannelijke en vrouwelijke principes worden gezien zodat creatie kan bestaan en blijven voortduren. Daarom verklaarden de Oude Egyptenaren de kos-mische energiekrachten met de termen *netert* (vrouwelijk principe) en *neter* (mannelijk principe).

Het Egyptische woord *neter* of natuur of *netjer* betekent een kracht die in staat is leven voort te brengen en dit daarna te laten voortduren. Aangezien alle delen van creatie de cyclus geboorte-leven-dood-wedergeboorte doorlopen, geldt dit ook voor de voedende krachten tijdens de fasen van deze cyclus. Daarom geldt voor de Oude Egyptenaren dat neteru, oftewel goddelijke energie, dezelfde cyclus van geboorte-groei-dood en vernieuwing doorliepen en blijven doorlopen. Zoals opgemerkt door Plutarchus wist iedereen dat de verschillende natuurkrachten, die ook bekend stonden als neteru, worden geboren of gecreëerd en onderhevig zijn aan continue veranderingen, ouder worden, sterven en weer opnieuw worden geboren. Als u aan neteru denkt—niet in de vorm van goden of godinnen—maar als kosmische energiekrachten, zult u zien dat het systeem van de Oude Egyptenaren een briljante weergave was van de kosmos.

Atoem, de Meester van de Kosmos, wordt in de teksten uit het Oude Egypte beschreven als *hij die alles omvat*.

De Oud-Egyptische tekst zegt:

> *"Ik ben veel namen en veel vormen, en mijn Wezen bestaat in elke neter* [god, godin]*".*

Het zaad van creatie—waaruit alles is ontstaan, is Atoem. En net zoals de plant reeds in het zaadje schuilt, zit alles dat in het universum werd gecreëerd ook in Atoem.

Atoem, de Ene die het Al is, verklaart als de Meester van het Universum, in de Oud-Egyptische papyrus die bekend staat als de *Bremner-Rhind Papyrus*:

> *"Toen ik mijzelf tot het bestaan manifesteerde, bestond het bestaan.*
> *Ik kwam tot bestaan in de vorm van het Bestaan, dat tot bestaan kwam in de Eerste Tijd.*
> *Komend tot bestaan volgens de modus van bestaan van het*

Bestaan, en daarom bestond ik.
En zo was het dus dat het Bestaan tot bestaan kwam".

Met andere woorden, toen de Meester van het Universum tot bestaan kwam, kwam de hele creatie tot bestaan, omdat de Volledige alles omvat. Alle teksten uit het Oude Egypte weerspiegelen deze geavanceerde gedachte waarin de nadruk werd gelegd op een progressieve en ordelijke volgorde van creatie.

Creëren is het sorteren (definitie geven aan/orde brengen in) van alle chaos (de ongedifferentieerde energie/materie en bewustzijn) van de primitieve staat. Alle Oud-Egyptische teksten over de creatie bevatten deze goed gedefinieerde, duidelijk van elkaar gescheiden fasen.

De eerste fase van de creatie werd door de Egyptenaren voorgesteld als Atoem/Atam/Adam die uit het Nu/Ny/Nun—de neutronensoep komt.

In de Oud-Egyptische teksten lezen we keer op keer hoe de staat van het zijn ontwikkelt of beter nog zich ontwikkelt tot de volgende staat van het zijn. We ontdekken telkens dat twee opeenvolgende staten beelden van elkaar zijn. Niet alleen is dat wetenschappelijk correct, het is ordelijk, natuurlijk en poëtisch. De Egyptenaren stonden erom bekend dat ze deze wetenschappelijke en filosofische onderwerpen in dichterlijke vorm beschreven.

1.4 RA: DE GEMANIFESTEERDE ATOEM

Atoem staat voor de realisatie van het totale kosmische bestaan.

De rol van Ra in het proces van creatie wordt het best beschreven in hoofdstuk 17 van het Oud-Egyptische *Het boek van het voortkomen bij dag*— iets wat nog steeds verkeerdelijk wordt vertaald als het *Dodenboek*, waarin staat dat Ra de primitieve kosmische kracht van creatie is, de manifestatie van Atoem.

In de Egyptische tekst zegt Atoem:

> *"Ik verscheen als Ra aan de oostelijke horizon van de hemel…".*

Een andere versie in dit Oud-Egyptische boek vermeldt:

> *"Ik ben Atam (het Al) toen ik alleen was in de Waterige Peilloze diepte.*
> *Ik ben Ra in zijn manifestaties…".*

Ra staat voor de primitieve, kosmische krachten van creatie. De manifestatie van Atoem.

Als Atoem wordt gecombineerd met Ra (de kracht van creatie) is Atoem-Ra het resultaat, wat staat voor de manifestatie van de krachten van creatie.

1.5 ISIS: HET BEELD VAN ATOEM

We hebben reeds gezien hoe een ordelijke creatie—in de vorm van Atoem, de Volledige—ontstond uit de chaotische toestand van vóór de creatie van de Nun—het niets.

Ook hebben we gezien hoe de ene staat van het zijn ontwikkelt of verandert in de volgende staat van het zijn en hoe twee achtereenvolgende fasen beelden van elkaar zijn. Nun en Atoem zijn beelden van elkaar, net als de getallen 0 en 1—0 is niets, nul, en 1 betekent het al.

Het eerste wat zich ontwikkelde uit het licht van de eenheid van de Volledige was de kracht van Actieve redenatie, omdat Hij twee deed ontstaan uit één, door herhaling.

Deze goddelijke actieve gedachte is het eerste "ding" waarvan het bestaan verder kan gaan als de handeling, nageslacht en beeld van de eerste—Atoem. De mogelijkheid om te ontvangen—zowel mentaal als fysiek—werd natuurlijk weergegeven door het vrouwelijke principe—Isis—de vrouwelijke kant van Atoems eenheid. Dit werd duidelijk bevestigd in de geschriften van Plutarchus toen hij in zijn *Moralia Vol V.* schreef:

"...vanwege de kracht van de rede. Isis verandert zichzelf in dit of dat ding en is ontvankelijk voor alle soorten figuren en vormen".

Het is Isis die deze Goddelijke gedachte of Goddelijk Intellect, of Goddelijk Intellectueel Principe is, en die het bestaan van Pluraliteit of Complexiteit of Multipliciteit begint.

De relatie tussen de meester van het universum—De Volledige—en de moeder van creatie is het best te beschrijven in termen van muziek. De relatie tussen Atoem—De Volledige—en zijn vrouwelijke beeld (Isis) is zoals de relatie tussen het geluid van een noot en het octaaf ervan. Neem een snaar van een bepaalde lengte als eenheid. Laat haar trillen en ze produceert een geluid. Stop de snaar op het middelste punt en laat haar trillen. De frequentie van geproduceerde trillingen is twee keer zo krachtig als die van de hele snaar en de toon stijgt met een octaaf. De lengte van de snaar is in tweeën gedeeld en het aantal trillingen per seconde is vermenigvuldigd met twee: de ene helft (1:2) is gecreëerd als het spiegelbeeld van de andere helft (2:1), 2/1. Deze harmonische relatie wordt vertegenwoordigd door Atoem en Isis.

Isis is de nummer twee en staat voor de kracht van vermenigvuldiging, de vrouwelijke onbestendige, ontvankelijke, horizontale, die de basis van alles vertegenwoordigt. In het gedachtegoed van de Oude Egyptenaren is Isis als de nummer twee het beeld van het eerste principe—het goddelijke intellect.

1.6 ISIS: DE VROUWELIJKE RA

De relatie met het intellect van de Volledige, Atoem is zoals de relatie van het licht van de zon dat uit de zon ontstaat. De

geschriften uit het Oude Egypte beschrijven Isis als het goddelijke zonlicht, want ze wordt

> *De dochter van de Heer van het Universum genoemd.*
> *De vrouwelijke Ra.*
> *De Lichtgever in de hemel met Ra.*

Isis is de uit de Volledige ontstane energie. Als het vrouwelijke
principe in het universum kan alleen zij ontvangen en het
gecreëerde universum geven.

Met andere woorden, Isis is het beeld van de kosmische creatieve
impuls—aangeduid door de term Ra. Dus als de Oud-Egyptische
geschriften spreken over Ra, dan zeggen ze:

> *"U bent de lichamen van Isis".*

Dit impliceert dat Ra, de kracht van creatie, ook in de verschillende aspecten van het kosmische vrouwelijke principe Isis verschijnt. En daarom wordt Isis gezien als:

> *De vrouwelijke Ra.*
> *De vrouwe van het begin van de tijd.*
> *Het prototype van alle wezens.*
> *De grootste neteru—[wat staat voor de goddelijke krachten].*
> *De Koningin van alle neteru.*

Isis wordt in Oud-Egyptische geschriften gezien als de God-
Moeder. Hoe liefhebbend Isis is—onze God-Moeder. Zij—het
vrouwelijk principe—is de matriarch van het gecreëerde universum. Matriarch is een moederlijke term, mater-x.

Isis, het gerepliceerde beeld van de totaliteit van de creatie, is
de ene die alle wezens omvat. Nogmaals in termen van muziek
zien we dat tussen de oorspronkelijke noot (geproduceerd vanuit
de hele lengte—*Do*) en het geluid geproduceerd halverwege—het
octaaf ervan—*Do*1, er zes posities zijn waar het oor zes verschil-

lende harmonieuze geluiden interpreteert (*re, mi, fa, sol, la, si*), die zich op ongelijkmatige afstanden van elkaar bevinden. Die reactie op alle geluiden van natuurlijke tonen wordt gekenmerkt door een onmiskenbaar gevoel van evenwicht. Dit gevoel van balans en harmonie wordt beheerst door één van de vrouwelijke manifestaties van Isis—met de naam Maät.

1.7 ISIS: DE HONDSSTER

In de vroegste perioden van de geschiedenis van het Oude Egypte werd Isis geassocieerd met de ster Sirius, de helderste ster in de hemel en werd ze net als haar de *Grote Gever* genoemd. De ingenieuze en zeer accurate Egyptische kalender was gebaseerd op het observeren en bestuderen van *de bewegingen van Sirius* in de hemel.

Talrijk is het aantal monumenten dat te zien is op plekken van het Oude Egypte en dat aantoont hoe groot de kennis was die men had van kosmologie en astronomie. Reeds in de vroegste geschiedenis van het Oude Egypte werd begonnen met een systematische astronomische observatie. Op basis van observaties en het vastleggen van de bewegingen van Sirius en *de ster die Sirius volgt*, verzamelden de Oude Egyptenaren informatie en maakten ze kaarten van de sterrenbeelden.

De Grieken, Romeinen en andere bronnen uit de Oudheid bevestigen dat de Egyptenaren Sirius zagen als het grote centrale vuur waarrond ons zonnestelsel een omloopbaan maakt. De bewegingen van Sirius worden direct geassocieerd met een andere ster die hem vergezelt. Sirius en zijn partner draaien om een zwaartekrachtcentrum of, anders gezegd, ze draaien om elkaar heen. De diameter van Sirius is minder dan twee keer de diameter van onze zon. Zijn metgezel echter heeft een diameter van ongeveer drie keer zo groot als die van de aarde en tegelijk weegt hij ongeveer 250.000 maal zo veel als de aarde. Het materiaal is zo dicht opeengepakt dat het ongeveer 5.000 keer de dichtheid van lood heeft. Een dergelijke compressie van materie houdt in dat de atomen van de metgezel van Sirius niet in hun normale staat bestaan, maar zo opeen zijn gepakt dat veel atoomkernen zijn samengedrukt in een ruimte die eerder in beslag werd genomen door een enkele normale atoom, d.w.z. de elektronen van deze atomen zijn uit hun omloopbaan gedrukt en kunnen zich vrij bewegen (een gedegenereerde staat). Dit is de Egyptische Nun, de neutronensoep—de oorsprong van alle materie en energie in het universum.

De bewegingen van de metgezel van Sirius op zijn eigen as en rond Sirius bevat alle creatie in de ruimte en wordt daarom gezien als het beginpunt van de creatie. Geschriften uit het Oude Egypte melden dat het begin van de Sothisperiode samenvalt met het begin van de wereld—het begin van een cyclus van de dierenriem van ongeveer 26.000 jaar.

1.8 HET HART (ISIS) VERWEKT DE ZIEL (OSIRIS)

Nu het plan van creatie is bedacht in de Goddelijke Rede is de volgende logische stap het tot leven brengen ervan. Daarom brengt Isis—het Goddelijke Denken—een kracht voort om deze Gedachte te realiseren. Het voortbrengen van leven of animeren van het plan van creatie wordt uitgevoerd door de ziel van het Al, of de Universele Ziel van het Al. Osiris stond in het Oude Egypte voor de Universele Ziel—de derde op rij in de volgorde van creatie en het getal drie werd via hem doorgegeven. Osiris is de eeuwige manifestatie en het beeld van de Tweede Hypostase, het Intellectuele Principe.

Elke fase van creatie heeft de neiging een beeld van zichzelf te creëren; het heeft tevens de neiging om weer samen te komen met de volgende hoogste, waarvan het zelf een schaduw of lagere manifestatie is—want Isis is een beeld van het eerste principe en haar schaduw is Osiris. Hoe informatief!

In de ordelijke reeks van creatie was het het vrouwelijke principe

Isis dat na het bedenken van het plan er leven aan gaf. En daarom wordt Isis ook wel gezien als:

Isis, de Maker van het Leven.
Isis, de Vrouwe van het Leven.
Isis, de Gever van het Leven
Isis, de bewoner van Neteru.

Isis is de gever van de universele levenskracht—zijnde Osiris.

Isis en Osiris zijn spiegelbeelden van elkaar. Of, met andere woorden, het vrouwelijke en mannelijke zijn spiegelbeelden van elkaar.

Op intellectueel niveau is het vrouwelijke principe zowel passief als actief, want Isis bedenkt het plan in een passieve modus, waarna ze leven geeft aan het plan en dus weerspiegelt ze haar activiteit als een uitbreiding van haar passiviteit, d.w.z. het intellect en de wereldziel zijn gerelateerd aan het actieve en passieve intellect.

Intellect is zoals het is, altijd hetzelfde, rustend in een statische activiteit. Dit is een vrouwelijk attribuut. Bewegingen ernaartoe en daaromheen zijn het werk van de Ziel. Ze gaan verder van Intellect naar Ziel, maken de Ziel intellectueel en creëren geen andere aard tussen het Intellect en de Ziel.

Op het niveau van de ziel is Isis de passieve ziel en Osiris de actieve ziel.

Telkens weer zien we dat de reeks van creatie is gebaseerd op het feit dat een fase zowel de natuurlijke voortgang als het beeld van de volgende fase is—en omgekeerd. Van actief-passief naar passief-actief is de kettingreactie (bij wijze van spreken) van creatie.

Tijd wordt voorgesteld als het "leven" van de Ziel, in tegenstelling tot Eeuwigheid, dat de manier van bestaan van het Intellect is. De Ziel is echter een entiteit die meerdere niveaus van realiteit omvat en soms ontdekken we dat tenminste het hoogste aspect van de Ziel grotendeels is geassimileerd met het intellect.

De relatie tussen de ziel en het intellect is zoals de relatie tussen het licht van de maan en het licht van de zon. Net als de maan vol wordt van het licht van de zon, is het maanlicht een imitatie van het licht van de zon. Dit komt overeen met de wijze waarop de ziel de ontboezemingen van het intellect ontvangt, zo worden de deugden ervan perfect en imiteren haar handelingen die van het intellect. Als haar deugden perfect worden dan kent ze haar essentie of zelf en de realiteit van haar substantie.

De gecombineerde krachten van de goddelijke gedachte en goddelijke ziel maken de creatie van de natuurlijke wereld mogelijk. Isis als het Goddelijke Intellectuele Principe heeft twee Handelingen—die van toenemende beschouwing van De Ene en die van het "genereren" naar de lagere Ziel van het Al. Zo heeft ook de Ziel van het Al twee Handelingen: Het denkt na over het Intellectuele Principe en "genereert" in de gulheid van zijn eigen perfectie de Natuurlijk uitziende en Voortbrengende Ziel, wiens doel het is om het lagere, materiële universum te genereren of vormen op basis van het model van de Goddelijke Gedachten, de "Ideeën" bedacht in de Goddelijke Gedachte. De Ziel van het Al is de mobiele oorzaak van beweging en Vorm of materiaal of het zintuiglijke Universum, dat de Handeling en manifestatie, beeld en "schaduw" is van de Ziel.

Dankzij de gecombineerde krachten van vrouwelijke en mannelijke energie, komt het plan van de creatie tot leven.

2

HET DUALISME VAN ISIS [ISIS EN NEBET-HET]

2.1 HET DUALISME VAN DE GODDELIJKE INTELLIGENTIE

Eerder beschreven we dat de intellectuele krachten van Isis de verwekking en creatie van de geanimeerde ziel die we Osiris noemen tot gevolg had. Dualisme bestaat echter ook op het intellectuele domein van Isis, die het symbolische getal 2 tweeq en de vermenigvuldigingen daarvan heeft.

Dankzij de duale aanvullende aard van het intellect ligt het in haar mogelijkheid te analyseren wat wordt gevolgd of te leiden tot de mogelijkheid om te verzoenen. Die duale waarde van het intellect werd gesymboliseerd door de twee zusters: Isis en Nebet-het. Isis en Nebet-het worden beschreven als "zusters" om hun talrijke duale symbolisme/activiteiten aan te duiden.

Isis wordt vertegenwoordigd door de cobra, terwijl Nebet-het wordt weergegeven door de gier.

De machtige cobra die een groot dier kan inslikken en verteren, was voor de Oude Egyptenaren de aardse manifestatie van het goddelijke intellect. De gave van het intellect stelt een persoon in staat om een geheel (complex probleem/lichaam) uit te splitsen in de samenstellende delen, zodat het kan worden verteerd.

Het intellectuele symbolisme van de cobra wordt aangevuld door de fundamentele verzoening van de gier. Verzoening is tevens een vrouwelijk aspect van het universum.

Voor het intellect zijn analyseren (uitsplitsen), verzoening en assimilatie een vereiste.

2.2 DE DUALISTISCHE AARD VAN DE CYCLUS VAN CREATIE

De twee godinnen Isis en Nebet-het worden op talrijke plekken in Oud-Egyptische geschriften samen weergegeven. Bijna altijd worden ze samen afgebeeld en slechts zelden komen ze afzonderlijk voor.

Ze kunnen als Tweelingzusters worden gezien—of beter nog, de duale aard van het vrouwelijke principe.

In de tombe van Koningin Nefertari zien we een verjongde groene zonnegod in een mummielichaam.

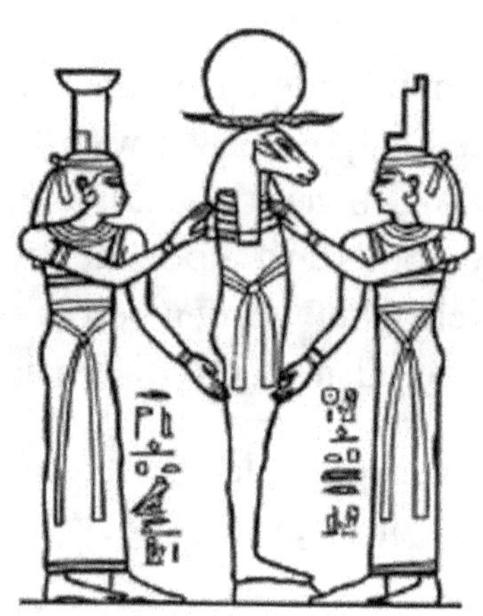

Rechts van Isis lezen we:

Dit is Ra die komt rusten in Osiris.

Links van Nebet-het lezen we:

Dit is Osiris die komt rusten in Ra.

Oud-Egyptische geschriften verwijzen naar Ra en Osiris als *de Tweelingzielen*.

De twee goden van Ra en Osiris hebben een tegenhanger in de duale vrouwelijke natuur van de cyclus van creatie, namelijk *de Tweelingzusters*.

2.3 DE DUALISTISCHE AARD VAN DE UNIVERSELE BAARMOEDER

Op kosmisch niveau staat Isis voor vermenigvuldiging, vruchtbaarheid en het vergroten van de baarmoeder of de grote, omvattende bubbel die we het universum noemen. Haar zuster Nebet-het zorgt voor een ordelijke en harmonieuze uitbreiding door buitengrenzen of beperkingen op de uitbreiding in te stellen. Beide zorgen voor een ordelijke expansie en inkrimping (goddelijke energieën) tussen de Big Bang en Eindkrak.

Op universeel niveau staat Isis voor de actieve uitbreidende baarmoeder die we het universum noemen en haar tweelingzuster Nebet-het voor de buitengrenzen of rand van de universele bubbel.

De tweelingzusters zijn spiegelbeelden van elkaar. Isis staat voor het deel van de wereld dat zichtbaar is, terwijl Nebet-het het onzichtbare vertegenwoordigt.

Isis en Nebet-het staan respectievelijk voor dingen die zijn en de dingen die nog moeten zijn, het begin en het einde, geboorte en dood, leven en dood.

Isis symboliseert geboorte, groei, ontwikkeling en vitaliteit. Nebet-het staat voor dood, verval, afname en immobiliteit. Nebet-het staat voor dood en wordt geassocieerd met het leven dat uit de dood voortkomt. Isis en Nebet-het werden echter onafscheidelijk van elkaar geassocieerd, in alle belangrijke zaken met betrekking tot het welzijn van de overledenen werkten ze samen en ze worden samen afgebeeld in bas-reliëfs en vignetten.

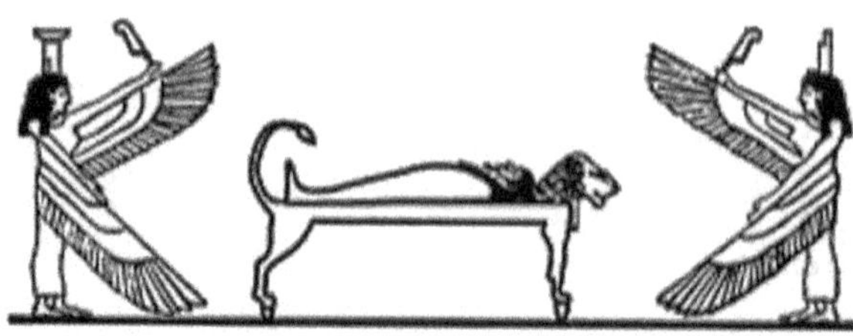

Sinds Zo Boven, Zo Beneden, wordt de duale actie van de twee zusters op kosmisch niveau op aarde aangetroffen en één van hun duale manifestaties is hun vertegenwoordiging van de vruchtbaarheid van Egypte.

Isis staat voor de vruchtbare delen van de aarde, haar zus Nebet-het voor de dorre rand van vruchtbaarheid. In zijn *Moralia Vol. V*, legde Plutarchus het uit:

> *"...de Egyptenaren geloofden dat de aarde het lichaam van Isis is, niet alles ervan, maar zover als de Nijl komt, het vruchtbaar maken, en ermee samensmelten... De meest afgelegen delen van het land naast de bergen en grenzend aan de zee worden door de Egyptenaren Nebet-het genoemd. Daarom noemen ze Nebet-het ook wel 'Eindigheid'"*.

Isis, in een van haar 10.000 namen, heet:

> *Maakster van groene dingen.*
> *Groene godin, wier groene kleur net als de groenheid van de aarde is.*
> *Vrouwe van Overvloed*
> *Vrouwe van het Groene Gewas*
> *De Groene Netert (Wadjet).*

Aan het einde van de groene gebieden vol leven zit Nebet-het, wiens naam "Eindigheid" voor *voltooid, beslissend en vast* staat.

2.4 THE TWO LADIES AND THE DIADEM

De tweelingzuster speelden een belangrijke rol bij het maken van koningen. In een van haar vele attributen, draagt Isis de naam:

De Maker van Koningen.
Isis die de koning zijn rang gaf zonder wie geen koning kan
bestaan.

In de Oud-Egyptische geschriften verklaart de Koning dat zijn soevereiniteit de voorkeur heeft van het Paar Zusters—Isis en Nebet-het. Hun symbolische afbeeldingen zijn te zien op de beroemde diadeems die door de Egyptische Farao's werden gedragen.

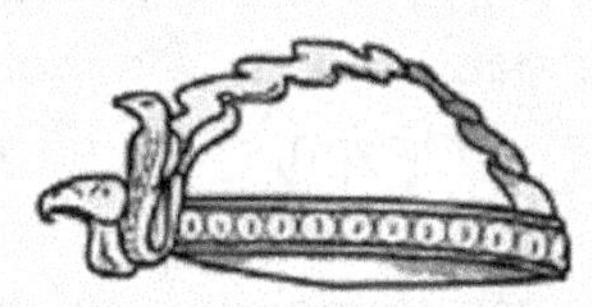

Een van de titels van een Egyptische koning was *Heer van de diadeem van de gier en de slang*. Die diadeem, waarop de slang en de gier werden samengebracht, was het aardse symbool van de goddelijke mens, de Koning. De diadeem bestond uit de slang (symbool van de onderscheidende intellectuele functie) en de gier (symbool van de verzoening). De goddelijke mens moet tot onderscheid en verzoening in staat zijn. Aangezien deze duale krachten in de hersenen van de mens zitten, volgt de vorm van het lichaam van de slang de daadwerkelijke fysiologische schedelnaden van de hersenen, waarin deze specifieke menselijke gaven zich bevinden.

Midden op het voorhoofd rustend, staat de diadeem voor het derde oog, met al zijn metafysische krachten.

3

ISIS EN OSIRIS—HET DYNAMISCHE DUO

3.1 DUALISME IN HET OUDE EGYPTE

De wereld zoals we die kennen, wordt bij elkaar gehouden door een wet die gebaseerd is op de evenwichtige duale aard van alle dingen (gehelen, eenheden). Bekende gepolariseerde paren zijn: Man en vrouw, oneven en even, negatief en positief, actief en passief, licht en donker, ja en nee, waar en vals—elk paar staat voor een ander aspect van hetzelfde principe van polariteit. En elk aspect is deel van de natuur van eenheid en de natuur van dualisme.

De meest veelzeggende uitdrukking van de duale aard is te vinden in de Oud-Egyptische tekst die bekend staat als de *Bremner-Rhind Papyrus*:

> *"Ik ging vooraf aan de Twee Anteriors die ik maakte, want ik had prioriteit over de Twee Anteriors die ik maakte, want mijn naam ging vooraf aan die van hen, want ik maakte hen voorafgaand aan de Twee Anteriors...".*

De Universele duale aard van creatie manifesteert zich in verschillende toepassingen zoals het geval was in het Oude Egypte.

Elk dualistisch aspect van het proces van creatie wordt vertegenwoordigd door twee goddelijke attributen—neteru. Afhankelijk

van elk specifiek aspect kan de dualistische neteru het volgende
zijn:

– Een vrouw en een man
– 2 vrouwen
– 2 mannen
– 2 unisex helften

In het Oude Egypte werden in bepaalde situaties een aantal duale
aspecten gebruikt. Hier volgt een overzicht met voorbeelden van
het Egyptische gebruik op drie domeinen:

A. Creatie—Vormende Aspecten

a – Sjoe en Tefnoet—staan voor de eerste actie van creatie—het vormen van de universele bubbel.
b – Isis en Nebet-het—uitbreiding en inkrimping van de
universele bubbel.
c – Isis en Osiris staan voor de actie binnen de universele
bubbel.

B. Verenigende Aspecten—[De knoop vastmaken]

a – Horus en Thoth
b – Twee Hapys [Unisex]
c – Qareens van de Twee Landen

C. Cyclische Aspecten

a – Osiris en Horus
b – Re en Osiris
c – Aker

Het duo **Sjoe** en **Tefnoet** staat voor de eerste actie van creatie.
Het gecreëerde universum wordt beïnvloed door twee tegenovergestelde krachten.

1. De krachten van uitbreiding, die ervoor zorgen dat alle

sterrenstelsels van ons weg bewegen. **Sjoe** staat voor die kracht. Hij symboliseert de hitte en lucht—het mannelijke aspect van de opkomst en uitbreiding van het universum.

2. De tegenovergestelde kracht van uitbreiding is de kracht van het inkrimpen die de sterrenstelsels naar elkaar toe trekt. **Tefnoet** symboliseert die inkrimpende kracht—een vrouwelijk aspect van het universum dat dingen samenbrengt—de Hoofdmoeder.

Isis en Osiris zijn het dynamische duo dat de actie beheerst binnen de universele bubbel die alle creatie omvat.

De meest significante aspecten van dit dualisme worden het best beschreven door Diodoros van Sicilië, die in zijn boek *Volume I* schreef

> *Dat Isis en Osiris het hele universum bijeenhouden en regelen, en ze geven voeding en groei aan alle dingen... Bovendien wordt alle fysieke materie, die essentieel is voor het genereren van alle dingen, gecreëerd door deze twee...*

Hier laten we enkele voorbeelden zien van de interactie tussen de vrouwelijke en mannelijke principes van Isis en Osiris, zoals het blijvende vrouwelijk principe en het tijdelijke, veranderende en cyclische mannelijk principe zoals toegepast op de

- **Principes van de zon en de maan**
- **Vier elementen van creatie**
- **Sociale rol van Isis en Osiris**

3.2 ISIS EN OSIRIS ALS DE PRINCIPES VAN DE ZON EN DE MAAN

Het belang van en de interactie tussen de principes van de zon en de maan worden gesymboliseerd door de zon en de maan.

Hoe de zon en de maan gerelateerd zijn aan Isis en Osiris wordt het best beschreven door Diodoros van Sicilië in *Boek I*, 11, 5-6,

> *Deze twee neteru (goden) houden het hele universum bijeen en beheersen het, en geven voeding en groei aan alle dingen...*

> *Bovendien wordt alle fysieke materie, essentieel voor het genereren van alle dingen, gecreëerd door deze twee neteru (goden), Isis en Osiris, gesymboliseerd door de zon en de maan. De zon heeft het vurige element en de spirit, de maan het natte en het droge, en allebei hebben ze lucht; en het is uit deze elementen dat alle dingen voortkomen en worden gevoed. En dus is het door de zon en de maan dat het hele fysieke lichaam van het universum wordt voltooid; en wat de net genoemde vijf delen van deze lichamen betreft—de spirit, het vuur, het droge en ook het natte, en als laatste, de lucht—en zoals we bij een mens hoofd en handen en voeten en de andere delen een naam geven, bestaat op dezelfde manier het lichaam van het universum in zijn geheel uit deze delen.*

De citaten van Diodoros benadrukken dat:

1. Het Egyptische concept eruit bestaat dat de neteru (goden, godinnen) natuurkrachten en niet daadwerkelijke personages zijn.
2. Het belang van de vier elementen van creatie.
3. Het menselijke lichaam een miniatuur universum is.

Het archetypische model van de principes van de zon en de maan is gebaseerd op het feit dat alle aspecten van het universum deze criteria van een oorspronkelijk en permanent vrouwelijk principe en van een cyclisch, veranderlijk en bewegend mannelijke principe volgen. Het vrouwelijke is de zon—de bron van energie, het mannelijke principe is de maan die deze energie in het universum manifesteert/reflecteert.

3.3 ISIS EN OSIRIS EN DE VIER ELEMENTEN VAN CREATIE

Van de vier elementen van creatie—aarde, water, lucht en vuur, is aarde het element dat vast en permanent is.

Enkele van de 10.000 namen van Isis geven aan dat zij Moeder Aarde is:

> *De Koningin van de aarde*
> *De Vrouwe van de solide aarde.*

De vier elementen van de wereld (water, vuur, aarde en lucht) werden door Plutarchus in zijn *Moralia, Vol V* beschreven:

> *"De Egyptenaren gaven simpelweg de naam Osiris aan de hele bron en gave welke vocht schept, erin gelovend dat dit de oorzaak was van het genereren en de substantie van zaad dat leven produceert; en de naam Set gaven ze aan alles dat droog, vurig en dor en in het algemeen vijandig stond tegenover vocht.*
>
> *Doordat de Egyptenaren de Nijl als de effusie van Osiris zagen, geloofden ze ook dat de aarde het lichaam van Isis is, niet alles ervan, maar zover als de Nijl komt, het vruchtbaar maken, en ermee samensmeltend. Uit deze vereniging lieten ze Horus geboren worden. De alles behoudende en koesterende Hora, dat is de bij het seizoen passende verzachten van de lucht in de omgeving, is Horus.*
>
> *het verraderlijk complotteren en de overweldiging door Set, is de kracht van droogte, dat de controle verovert en het vocht verdrijft dat de bron van de Nijl en haar vloed is".*

Dus hoewel Isis het goddelijke vrouwelijke principe is dat de vaste aarde symboliseert, zijn de andere drie elementen vertegenwoordigers van het veranderlijke mannelijke principe.

Osiris is het water—het komt en gaat, stijgt tijdens overstromingen en vloed, en trekt terug en verdampt helemaal, d.w.z. het verdwijnt om opnieuw te stijgen in een nieuwe cyclus.

Horus is de lucht—bewegend, veranderlijk. Die stijgt als het warm wordt en daalt als het afkoelt.

Set is het vuur—bewegend, de oorzaak van droogtes.

3.4 DE SOCIALE ROL VAN ISIS EN OSIRIS

Zoals vermeld in het bovenstaande, staat Isis voor de zon en haar man Osiris voor de maan. Het licht van de maan (Osiris) is een reflectie van het licht van de zon (Isis).

Het sociaal/politieke systeem van het Oude Egypte volgt de relatie tussen de zon (vrouwelijk) en de maan (mannelijk). Bijgevolg werd deze sociale/politieke wet weerspiegeld in de Egyptische allegorie van Osiris, die via zijn huwelijk met Isis de Farao van Egypte werd.

In het Egyptisch betekent Isis zetel/troon, ofwel autoriteit en het is het principe van legitimiteit. Daarom wordt Isis altijd afgebeeld met een troon op haar hoofd. Isis stond niet symbool voor de "vrouw achter de troon", maar voor de troon zelf.

De troon van Isis staat voor het principe van legitimiteit, als een op vrouwelijkheid gebaseerd principe (vrouwelijk). In Egypte was het belang van Isis als de zetel/autoriteit/legitimiteit de basis voor het in gebruik nemen van het matrilineaire/matriarchale principe in de maatschappij.

De rol van het vrouwelijke principe Isis in de sociale orde wordt in enkele van haar 10.000 namen weergegeven, want ze heet ook:

De Maker van Koningen.
Zij die de koning zijn rang gaf zonder wie geen koning kan bestaan.

Door de hele Egyptische geschiedenis heen was het de koningin die zonnebloed doorgaf. De koningin was de echte soeverein, landeigenaar, houdster van de monarchie en de beschermster van de zuiverheid van de lijn. De man die met de oudste Egyptische prinses trouwde, claimde het recht op de troon. Via het huwelijk gaf ze de kroon door aan haar echtgenoot—hij fungeerde alleen als haar uitvoerende agent.

De Farao's en ook de leiders van kleinere regio's volgden dit systeem. Als de Farao/leider geen dochters had, eindigde een dynastie en begon een nieuwe dynastie, met een nieuwe heilige maagd als nieuw zaad voor een nieuwe dynastie.

De matrilineaire tradities golden voor de hele maatschappij, zoals te zien is in de stelae op begraafplaatsen van allerlei mensen, waar het de traditie is om de moederlijke lijn van de overledenen te volgen en niet die van de vader. De moeder van de overledene wordt genoemd, maar niet de vader, of slechts toevallig. Deze traditie wordt in het geheim nog steeds hooggehouden door de *Baladi*—Egyptenaren—de zwijgende meerderheid in Egypte.

Zelfs het Nederlands en in feite alle Europese talen hebben het matrilineaire principe in de structuur van het woord. Het woord *familie* is etymologisch gecentreerd rond de vrouw, want de vrouw is de kern van de familie.

4

ISIS: DE MOEDER VAN "GOD"

4.1 ALLEGORIE EN FICTIEF VERHAAL

Dat wat we nu de Christelijke godsdienst noemen, bestond reeds in het Oude Egypte, lang voordat het Nieuwe Testament in gebruik werd genomen. De Britse Egyptoloog Sir E. A. Wallis Budge schreef in zijn boek, *The Gods of the Egyptians* [1969]:

> ***"De nieuwe religie (christendom) die door St. Marcus en zijn directe volgelingen werd gepreekt, leek in bijna alles heel erg op de aanbidding van Osiris, Isis en Horus".***

De door Budge en door iedereen die de Egyptische allegorie van Osiris/Isis/Horus vergeleek met het Evangelie opgemerkte overeenkomsten zijn opvallend. Beide verhalen zijn in feite dezelfde, d.w.z de bovennatuurlijke conceptie, de goddelijke geboorte, de strijd tegen de vijand in de wilde natuur en de wederopstanding uit de dood naar het eeuwige leven. Het belangrijkste verschil tussen de "twee versies" is dat het verhaal van het Evangelie als historisch wordt gezien en dat de cyclus van Osiris/Isis/Horus als een allegorie wordt beschouwd.

Allegorieën worden doelbewust gebruikt als een manier om kennis over te brengen. Allegorieën dramatiseren kosmische wetten, principes, processen, relaties en functies en drukken ze uit op een manier die makkelijk te begrijpen valt. Zodra de interne betekenissen van de allegorieën zijn onthuld, worden ze wonderen van zowel wetenschappelijke als filosofische volledigheid en compactheid. Hoe meer ze worden bestudeerd, hoe rijker ze worden. De "interne dimensie" van de leer, geïntegreerd in elk verhaal, stelt hen in staat om enkele lagen kennis te onthullen volgens de ontwikkelingsfase van de luisteraar. De "geheimen" worden onthuld bij het verder en hoger ontwikkelen. Hoe hoger we komen, hoe meer we zien. Het is er altijd.

De Egyptenaren geloofden niet in hun allegorieën als historische feiten. Ze geloofden IN hen, op de wijze dat ze geloofden in de waarheid achter de verhalen. De echte kracht van het verhaal/de allegorie is de transformatie van het leven van elk individu.

De Bijbelse verhalen hebben de allegorieën van het Oude Egypte compleet verminkt. De Christelijke godsdienst verwijderde en verloor de echte ziel van hun betekenis toen het de allegorische taal van het Oude Egypte verkeerd vertaalde in vermeende waar gebeurde geschiedenis, in plaats van ze te zien als een spirituele allegorie. Het resultaat was een pathetisch, blind geloof in een soort emotioneel en bijgelovig bovennatuurlijke en in feite werd de echte kracht van het verhaal/de allegorie om het leven van elk individu te transformeren, weggelaten.

4.2 MARIA ISIS

Isis wordt in geschriften uit het Oude Egypte Maria Isis genoemd.

De oorsprong van het woord Maria ligt in het Oude Egypte, waar het geschreven woord MR was (de klinkers werden door moderne geleerden toegevoegd als hulp bij de uitspraak van de oude taal) en *de beminde* betekent.

Het woord Maria is een van de meest voorkomende woorden in Oud-Egyptische geschriften. Het werd gebruikt als bijvoeglijk naamwoord (epitheton) vóór de namen van mensen, neteru (goden, godinnen)… et cetera.

We zien ook dat de naam Maria aan veel vrouwen in de Bijbel werd gegeven.

De twee vrouwen die de intiemste relatie met Jezus hadden, heetten allebei Maria; zijn moeder en Maria Magdalena.

4.3 GODDELIJKE EN ONBEVLEKTE ONTVANGENIS

Het concept van de geboorte van de Messias zonder geslachtsgemeenschap heeft zijn wortels in het Oude Egypte. Van Isis wordt beweerd dat zij haar zoon Horus verwekte na de dood van haar man Osiris.

De kosmische kracht waardoor ze zwanger raakte, was Messeh, de krokodillenster, zoals spreuk 148 van de doodskisten zegt:

> *"De krokodillenster (Messeh) slaat toe... Isis wordt zwanger wakker met het zaad van Osiris—namelijk Horus".*

Het Nederlandse woord messias komt van oorsprong eveneens uit het Hebreeuws en Aramese Mashih, wat in zijn vorm als werkwoord Mesheh, insmeren betekent. Dit woord is van Egyptische origine, waar Messeh [de letter s in het Egyptisch is gelijk aan sh in het Hebreeuws en Armeens] duidde op het ritueel van het insmeren van koningen uit het Oude Egypte met het vet van krokodillen, zoals de traditie was bij alle koningen uit het Oude Egypte sinds 2.700 v. Chr.

Insmeren hoorde bij het ritueel van de kroning van de Egyptische koning. Dus Christus/Messias betekent de gezalfde, die de koning is.

Dat Isis in staat was te verwekken zonder hulp van een man na de dood van haar echtgenoot werd sinds de vroegste perioden van de geschiedenis van het Oude Egypte vastgelegd.

Goddelijke Conceptie wordt aangetroffen in de oudste opgegraven geschriften uit het Oude Egypte—meer dan 5.000 jaar oud.

De Egyptische gedachte van de Goddelijke Conceptie bevestigt dat het een Onbevlekte Ontvangenis was—Onbevlekt als in perfect zuiver en puur.

Het ideaal van de maagdelijkheid en puurheid was een hoeksteen van de tradities in het Oude Egypte. Iets dergelijks werd afgebeeld als vrouwen uit het Oude Egypte die een hoofdtooi in de vorm van een gier droegen.

Dat de gier voor deze specifieke vrouwelijk rol werd uitgekozen, komt doordat:

> 1. De gier ogenschijnlijk erg fanatiek is als het gaat om het verzorgen van haar jonkies.

> 2. Er geen fysiek seksueel contact is tussen mannelijke en vrouwelijke gieren. De vrouwelijke gier maakt zichzelf zwanger door zichzelf bloot te stellen voor het ontvangen van mannelijk zaad door de wind. De gier is daarom het symbool van de *maagdelijke geboorte*.

4.4 DE HEILIGE MOEDER VAN "GOD"

De verwekking door Isis van Horus zonder een levende man is de oudste vastgelegde versie van onbevlekte ontvangenis. Ze werd altijd aanbeden als **de Heilige Moeder**.

Enkele van haar attributen in de Oud-Egyptische teksten beschrijven Isis als:

> *"De moeder van god.*
> *Wiens zoon de heer van de aarde is".*

De rol van Isis in het Egyptisch modelverhaal en het verhaal van de Heilige Maria tonen opvallende gelijkenissen, want beide waren in staat te verwekken zonder hulp van een man en daarom wordt Isis aanbeden als de Heilige Moeder.

Het beeld van Isis en haar zoon uit de 6de eeuw voor Christus dat zich nu in het museum van Turijn bevindt, inspireerde de vijftiende-eeuwse schilder Masaccio bij zijn weergave van *De Maagd en het Kind*. Dit beeld werd veel gebruikt in artefacten uit het Oude Egypte. Tegenwoordig zijn een of meerdere van die beelden makkelijk in musea wereldwijd te vinden.

4.5 MARIA ISIS EN DE KINDERVLUCHT NAAR EGYPTE

In de Egyptische allegorie staat het verhaal dat toen de Boosaardige—Set—over de pasgeboren Horus hoorde, Set erop uitging om de baby te vermoorden.

Toen ze hoorde dat de boosaardige tiran Set eraan kwam, werd Isis verteld dat ze haar kind op een afgelegen plek in de moerassen van de Nijldelta moest verstoppen.

Wat er met Isis gebeurde, lijkt erg veel op het verhaal uit de Bijbel waarin Herodes, nadat hij erachter kwam dat de bijbelse Jezus was geboren, alles deed om alle baby's van het mannelijke geslacht te doden.

In het Nieuwe Testament zegt de engel van de Heer tegen Jozef: **"Sta op en vlucht met het kind en zijn moeder naar Egypte"**.

4.6 DE GODDELIJKE OFFERANDE

In het Oude Egypte had de goddelijke Moeder Isis een zoon die in de vorm van een stier jaarlijks werd geofferd om de cyclus van de seizoenen en de continuïteit van de natuur te garanderen.

En net als in de huidige praktijk namen de schrijvers uit de Oudheid aan dat het de moeder was die werd uitverkoren om een kalf met speciale kwaliteiten te produceren—hij was *De Stier van Zijn*

Moeder—bij wijze van spreken. Herodotus zegt het volgende als hij hem beschrijft:

> **"Apis, ook wel Hapis genoemd, is een jonge stier wiens moeder geen ander nageslacht kan krijgen en die volgens de Egyptenaren verwekt door een bliksemstraal die uit de hemel komt, en zo dus de stierengod Apis creëert**

De religieuze connotaties van deze offerande zijn een echo van een offerande in het sacrament waarbij we worden herinnerd aan de dood van Christus zodat de mensheid kan worden gered. Feitelijk is dit een oprecht religieus drama waarbij, zoals bij de Katholieke mis, een god wordt aanbeden en geofferd.

Een van de belangrijkste rituelen in de jaarlijkse Egyptische festivals sinds de oudheid is het ritueel offeren van de stier, dat staat voor het vernieuwen van de kosmische krachten door de dood en wederopstanding van de goddelijke stier.

5

DE NUMEROLOGIE VAN ISIS EN OSIRIS

5.1 DE PRIMAIRE GETALLEN VAN ISIS EN OSIRIS (2 EN 3)

In de geanimeerde wereld van het Oude Egypte gaven getallen niet alleen hoeveelheden aan, maar werden ze ook gezien als concrete definities van krachtig vormende principes van de natuur. De Egyptenaren noemden deze krachtige principes neteru (goden, godinnen).

Voor de Egyptenaren golden getallen niet slechts als oneven en even—ze waren ook mannelijk en vrouwelijk. Elk onderdeel van het universum was/is een man of een vrouw.

Egyptenaren manifesteerden hun kennis van mysticisme over getallen in alle aspecten van hun leven. Het bewijs dat Egypte deze kennis bezat, is indrukwekkend.

De twee primaire getallen in het universum zijn die van Isis en Osiris—de getallen twee en drie, zoals werd beschreven in de beschrijving van de 3:4:5 driehoek door Plutarchus, in *Moralia Vol. V*:

> *"Het rechtopstaande kan daarom worden vergeleken met de man, de basis met de vrouw, en de hypotenusa met het kind van beide, en dus kan Osiris worden gezien als de oorsprong, Isis als de ontvanger, en Horus als het perfecte resultaat.*

Drie is het eerste perfecte oneven getal: vier is een vierkant met als zijkant het even getal twee; maar vijf neigt soms naar zijn vader en soms naar zijn moeder want het bestaat uit drie en twee. En panta [alles] is een afgeleide van pente [vijf] en ze spreken over tellen als 'Vijf maakt van zichzelf een kwadraat door te tellen met vijven'".

De vitaliteit en de interacties tussen deze getallen geven aan hoe ze man en vrouw, actief en passief, verticaal en horizontaal zijn... et cetera.

Volgens de Egyptenaren was één geen getal, maar de essentie van het onderliggende principe van het getal, alle andere getallen komen eruit voort.

Isis is het getal twee [het kwadraat van twee is vier]—vrouw—even—basis—et cetera.

Osiris is het getal drie—man—oneven—rechtopstaand—et cetera.

Horus is het getal vijf, en het gecombineerde resultaat [nageslacht] van de getallen twee en drie.

Twee symboliseert de kracht van vermenigvuldiging—de vrouw, onbestendig, ontvankelijk, terwijl Drie de man symboliseert. Dit was de muziek van de hemellichamen—de universele harmonieën uitgespeeld tussen deze twee primitieve mannelijke en vrouwelijke universele symbolen van Isis en Osiris, wiens hemelse huwelijk het kind Horus (het getal vijf) produceerde.

Alle fenomenen hebben zonder uitzondering een gepolariseerde aard en verdrievoudigen in principe. Daarom is vijf de sleutel om het gemanifesteerde universum te begrijpen, iets wat Plutarchus uitlegde in de Egyptische context:

"..En panta (alles) is een afgeleide van pente (vijf)...".

5.2 HET PRIMAIRE DAT AANTALLEN GEDAANTES EN VORMEN GENEREERT

Van de wortels van Twee, Drie en Vijf kunnen alle harmonische eigenschappen en relaties worden afgeleid. De interactie van deze eigenschappen en relaties beheersen de vormen van alle materie, organisch en anorganisch, en alle processen en perioden van groei.

De rol van een wortel in een plant is precies dezelfde rol/functie als die van de wortel in geometrie. De wortel van een plant assimileert, genereert en transformeert energie naar de rest van de plant.

Op soortgelijke wijze is de geometrische wortel een archetypische uitdrukking van de assimilerende, genererende, transformerende functies en processen, terwijl hele getallen de structuren zijn die ontstaan om te bouwen op deze procesprincipes.

Het ontwerp dat is gebaseerd op dynamische driehoeken wordt het generatieve dynamische ontwerp genoemd, iets wat de Oude Egyptenaren gedurende ten minste 4.500 jaar beoefenden. De drie heilige wortels van Twee, Drie en Vijf zijn de enige die nodig zijn voor het vormen van de vijf kosmische vaste lichamen [tetrahedron, hexahedron, octahedron, icosahedron en dodecahedron] die de basis vormen voor alle volumetrische vormen, waar alle randen en alle binnenhoeken gelijk zijn.

De reeks van de numerieke creatie van Isis gevolgd door Osiris gevolgd door Horus is twee, drie, vijf...

Het is een progressieve serie die begint met de twee primaire getallen in het Oud-Egyptische systeem, twee en drie. Daarna telt u hun totaal op met het voorgaande getal, enzovoort—elk cijfer is de som van de twee voorgaande cijfers. De serie ziet er daarom als volgt uit:

2

3

5 (3+2)

8 (5+3)

13 (8+5)

21 (13+8)

34 (21+13)

55 (34+21)

89, 144, 233, 377, 610, . . .

De serie van het optellen is in de hele natuur te zien. Het aantal zaadjes in een zonnebloem, de bloemblaadjes van elke bloem, de indeling van dennenappels, de groei van een zeeschelp et cetera—allemaal volgen ze hetzelfde patroon van deze reeks.

[Raadpleeg voor meer informatie over deze serie van het optellen en het gebruik ervan in het Oude Egypte gedurende ten minste 4.500 jaar lang *The Ancient Egyptian Metaphysical Architecture*, of de oudere editie ervan, *Egyptian Harmony: The Visual Music*, beide door Moustafa Gadalla.]

5.3 DE MUZIKALE DYNAMO

Volgens de Egyptenaren regelden Isis en Osiris de muziek van de hemellichamen. De universele harmonieën werden uitgespeeld tussen deze twee primitieve mannelijke en vrouwelijke universele symbolen van Isis en Osiris, wiens hemelse huwelijk het kind Horus voortbracht.

Muzikaal gezien is de verhouding/relatie van 2:3 op de trillende snaar en op het toetsenbord bepalend voor de trilling van de Perfecte Vijfde, reikend door vijf intervallen.

Op een eensnaar wordt het geluid van de natuurlijke Vijfde geproduceerd als de snaar naar beneden wordt gehouden op een punt dat de snaar verdeeld in 2:3.

Het interval van de Vijfde maakt de krachtigste harmonie tussen twee verschillende tonen mogelijk. Het is het eerste harmonische interval waar alle andere harmonische intervallen mee in verband staan.

Plutarchus meldde het belang van de Vijfde voor de Egyptenaren in zijn *Moralia Vol. V*:

> *"En panta (alles) is een afgeleide van pente (vijf), en zij [de Egyptenaren] spraken over het tellen als 'tellen met vijven'".*

De Oude Egyptenaren tellen "met vijven" en de sterkste en meest natuurlijke vooruitgang van de ene harmonie naar de andere is het gevolg van een dergelijke ontwikkeling.

Alle muziekladders worden gegenereerd door de vooruitgang van de Vijfde. De vorm/relatie van deze eerste klank is de eerste Vijfde, vastgelegd door het hemelse huwelijk van Isis en Osiris. Op hun beurt werden zij een model om, door een reeks van soortgelijke relaties, in een geometrische vooruitgang om te vormen.

De harmonische vooruitgang via de cyclus van de Perfecte Vijfden is de meest natuurlijke. Het is een opeenvolging van harmonieën die in deze relatie het karakter heeft van een vertraging of opschorting van deze natuurlijke vooruitgang. Uit slechts één gegeven Vijfde ontstaat het hele muzikale systeem, dat natuurlijk dezelfde proporties moet hebben als de eerste. Er werd niet geknoeid aan deze proporties en geen enkele werd vervangen.

[Meer informatie is te vinden in *The Enduring Ancient Egyptian Musical System* of de eerdere uitgave ervan, *Egyptian Rhythm*, beide door Moustafa Gadalla.]

5.4 HET BINAIRE EN TERNAIRE UNIVERSELE RITME

De getallen twee en drie zijn gerelateerd aan het natuurlijke ademhalingsritme. Als een persoon rustig slaapt, duurt de periode tussen uit- en inademen twee keer zolang als de periode tussen in- en uitademen. Het is het principe achter alle muzikale vormen. Het in-en-uit, het afwisselen tussen spanning en ontspanning, beheerst alle verdere manifestaties.

Bovendien is alle ritmische organisatie gebaseerd op een van de twee algemene schema's: het binaire—sterk afwisselend met een zwakke beat, of ternaire—sterk gevolgd door twee zwakke beats. Een van beide types is de basis van het ritmische raamwerk van elke compositie. Het onderliggende binaire of ternaire ritme staat bekend als het fundamentele ritme.

Onderafdelingen van deze beats die binnen het algemene raamwerk verschijnen, worden subsidiaire ritmes genoemd. [Meer informatie is te vinden *in The Enduring Ancient Egyptian Musical System* of de eerdere uitgave ervan, *Egyptian Rhythm*, beide door Moustafa Gadalla.]

HET GROTE AANTAL ATTRIBUTEN VAN ISIS

ISIS VAN DE 10.000 NAMEN/ATTRIBUTEN

Het goddelijke vrouwelijke principe van Isis komt tot uiting in verschillende gerelateerde attributen en daarom noemden de Oude Egyptenaren haar Isis van de 10.000 namen (wat attributen betekent). Dit werd bevestigd in de geschriften van Plutarchus toen hij in zijn *Moralia Vol V.* schreef:

> *"...vanwege de kracht van de rede. Isis verandert zichzelf in dit of dat ding en is ontvankelijk voor alle soorten figuren en vormen".*

Aangezien Isis staat voor het universele vrouwelijke principe, uit zij zich in talrijke vormen. Daarom wordt zij in Oud-Egyptische geschriften beschreven als:

> *"Isis van de 10.000 namen [dat attributen betekent]"*

> *"Zij heeft velen namen".*

Hier vermelden we enkele verschillende uitingen van het vrouwelijke principe in haar verschillende attributen zoals:

1- Maät
2- Sesjat
3- Neith

4- Noet—Firmament
5- Nebet-het
6- Satet
7- Taweret
8- Moet
9- Sechmet—De patrones
10- Bastet—De dociele kat
11- Qetesh
12- Heket
13- Selket
14- Anat
15- Hathor—Venus—Merit—Astate.

>>> **Verschillende foto's ter ondersteuning van de tekst van dit hoofdstuk zijn te vinden in de digitale editie van dit boek, zoals gepubliceerd in PDF- en E-bookformaten.**

6.1 MAÄT

Maät is een van de uitingen van het vrouwelijke principe in het universum. Isis in haar attribuut als Maät staat model voor de kosmische harmonie, orde, balans en evenwicht.

Maät wordt meestal afgebeeld als een vrouw die een hoofdtooi draagt waar de pluim van een struisvogel op is bevestigd.

Het concept van Maät was al in de vroegste geschiedenis in alle

Egyptische geschriften doorgedrongen en bleef dit gedurende de hele Egyptische geschiedenis. Het is het concept dat niet alleen de mensheid beheerst, maar tevens alle krachten in het universum. Maät staat voor harmonie, balans en evenwicht tussen alle kosmische krachten van het universum.

De betekenis van Maät is niet makkelijk in één woord te vertalen of te vatten. Eigenlijk kunnen we zeggen dat het betekent dat wat dient te zijn; dat wat is volgens de correcte orde en harmonie van de kosmos en neteru (goden, godinnen) en mensen die er deel van uitmaken.

In menselijke termen staat Maät voor de juiste daad om te doen. Maät zou kunnen worden vergeleken met het Oosterse concept van *karma* en het Westerse concept van het *gezond verstand*.

Maät staat voor het abstracte concept van orde, gerechtigheid, waarheid, rechtschapenheid en dat wat juist is, in al hun pure vormen. Maät is het ideaal van de balans: van dingen die werken zoals ze dat horen te doen. Zonder Maät overheerst chaos en is de kans om orde te creëren voor eeuwig verloren. Dat wil zeggen, Maät is orde op het meest abstracte niveau—dat wat de oorzaak is van het bestaan van alles en het blijven voortbestaan ervan.

Het gebruik van het principe van Maät is te vinden in elk aspect van het leven van de Egyptenaren. Als het model voor kosmische harmonie, orde, balans en evenwicht wordt Maät met veel functies geassocieerd. We noemen hier kort enkele van dergelijke toepassingen:

A. Maäts Kosmische Rol in

   i- de planning van de fase vóór de creatie
   ii- de dualistische aard van creatie
   iii- het ordelijke plan van creatie

B. Maat and the Earthly VoyageMaät en de Aardse Reis

> i- dagelijkse activiteiten en tempelrituelen
> ii- de harmonische wetten van muziek
> iii- de sociale orde
> iv- het spirituele pad
> v- gerechtigheid voor iedereen—op aarde en na de aarde

6.1.A. Maäts Kosmische Rol

Maät is de netert (godin) die staat voor het principe van de kosmische orde. Het concept dat niet alleen mensen, maar ook de neteru (goden) zelf beheerst en waarvan de afwezigheid de neteru (goden) functieloos maakt.

We noemen hier kort enkele van die toepassingen:

Maäts rol in:

> i- de planning van de fase vóór de creatie
> ii- de dualistische aard van creatie
> iii- het ordelijke proces van creatie

i- Maät en de planning van de fase vóór de creatie

Voor de zeer religieuze mensen van Egypte was de creatie van het universum niet een fysieke gebeurtenis (Big Bang) die zomaar plaatsvond. De explosie (Big Bang) die leidde tot de creatie van het universum was een ordelijke en van tevoren geplande gebeurtenis—in tegenstelling tot alle andere explosies die een willekeurige en ongeordende vorm vertoonden.

Dus lezen we in het *Boek van kennis over de creaties van Ra en het overwinnen van Apep*, ook wel bekend als de *Bremner-Rhind Papyrus*:

"Ik had nog geen plek gevonden waarop ik kon staan. Ik ver-

wekte het Goddelijke Plan van Orde en Gezag (Maä) om alle vormen te maken. Ik was alleen...".

Alle Egyptische geschriften benadrukken telkens weer dat het concept en de details van de creatie van tevoren werden gepland tot een ordelijke vorm voordat de daadwerkelijke creatie plaatsvond.

ii- de dualistische aard van creatie—Maati

De wereld zoals we die kennen wordt bijeen gehouden door een wet die is gebaseerd op de evenwichtige, duale aard van alle dingen (gehelen, eenheden). Elk paar staat voor een ander aspect van hetzelfde fundamentele principe van polariteit. En elk aspect is deel van de natuur van eenheid en de natuur van dualisme.

De Egyptenaren zagen het universum in termen van een dualisme tussen Maät—Waarheid en Orde—en ordeloosheid. Het creëren van de kosmos ontstond uit een ongedifferentieerde chaos, door de twee van elkaar te onderscheiden, door een stem te geven aan het ultieme ideaal van de Waarheid. Maät, zoals hier weergegeven [rechtsboven], wordt meestal in de dubbele vorm afgebeeld—Maati.

iii- het ordelijke proces van creatie

De Oud-Egyptische papyrus die bekend staat als de Bremner-

Rhin Papyrus vertelt ons dat, voordat de creatie plaatsvond, de meester van het universum het Goddelijke Plan van Orde en Gezag bedacht om alle vormen te maken.

"Ik bedacht in mijn eigen hart; er ontstond een enorm aantal vormen van goddelijke wezens als de vormen van nageslacht en de vormen van hun nageslacht".

Eenvoudiger gesteld, vertelt de Egyptische tekst ons dat de gecreëerde wereld in feite een hiërarchie van energieën is. Die energieën staan onderling met elkaar in verband en elk niveau wordt in stand gehouden door het niveau eronder.

Deze hiërarchie van energie past moeiteloos in een enorme matrix van diep verbonden natuurlijke wetten—gesymboliseerd in de vorm van *"nageslacht en de vormen van hun nageslacht"*.

6.1.B. Maät en de Aardse Reis

    i- dagelijkse activiteiten en tempelrituelen
    ii- de harmonische wetten van muziek
    iii- de sociale orde
    iv- het spirituele pad
    v- gerechtigheid voor iedereen—op aarde en na de aarde

i- dagelijkse activiteiten en tempelrituelen

Maät, als model voor de kosmische harmonie, orde, balans en evenwicht, wordt geassocieerd met veel functies zoals alle activiteiten van het Egyptische leven, inclusief het bouwen van tempels die aan Maät waren gewijd.

De rituelen van de tempel waren gebaseerd op en in samenhang met de bewegingen van de hemel, die op hun beurt uitingen waren van de goddelijke kosmische wet.

ii- Maät heerst over de harmonische wetten van muziek

Als het model voor kosmische harmonie, orde, balans en evenwicht wordt Maät met veel functies geassocieerd zoals de harmonische wetten van muziek.

Muziek draait om balans. Toewijding aan Maät is toewijding aan harmonie, balans, en evenwicht in alles—inclusief muziek. De symbolen van Maät zijn op veel Egyptische instrumenten als "decoratie" aangetroffen.

Muziekdeskundigen werden musici/priesters van Maät genoemd en het leren bespelen van muziekinstrumenten werd/wordt *Mizan* genoemd—wat balans/weegschaal betekent.

Harmonie wordt gekenmerkt door een onmiskenbaar gevoel van "evenwicht". Evenwicht is een staat waarin positieve en negatieve krachten in balans zijn. Maät wordt meestal naast een weegschaal in balans afgebeeld.

De wereld zoals we die kennen, wordt bij elkaar gehouden door een wet die gebaseerd is op de gebalanceerde duale aard van alle dingen (gehelen, eenheden). Balans wordt gecreëerd tussen twee aanvullende tegenstellingen. Maät wordt meestal afgebeeld naast de typische weegschaal uit het Oude Egypte—met twee ongelijke gewichten—en daarom moet het schietlood de balans herstellen. Het schietlood bepaalt de verticale stand en regelt het evenwicht van de weegschalen. Scènes waarop wordt gewogen, tonen aan dat het nodig is om de loodlijn stil te houden, anders zal ze blijven trillen.

De Oud-Egyptische term voor oscilleren, dronkenschap en schietlood is *tkh*.

Het schietlood, *tkh*, wordt vaak weergegeven in de vorm van het hart, *ib, de Danser*. De hartslag is voor ons een makkelijke manier om de tijd te meten.

iii- Maät als de sociale orde

Maät wordt gerelateerd aan de maatschappelijke ordelijke relatie en harmonie.

De sociale structuur moet dezelfde ordelijke hiërarchie van het gecreëerde universum weerspiegelen om de perfectie universele harmonie te bereiken.

Opdat de mensheid zou kunnen overleven, moet dezelfde ordelijke structuur worden gehandhaafd. Zo boven, zo beneden is de enige manier om orde en harmonie te bereiken.

Het matriarchale systeem, als de sociale manifestatie van de planetaire wetten, was de basis van de sociale organisatie in het Oude Egypte, zoals eerder uitgelegd in hoofdstuk 3 van dit boek.

iv- Maät als het spirituele pad

Als het model voor kosmische harmonie, orde, balans en evenwicht staat Maät voor het spirituele pad dat elk individu moet volgen.

Maät blijft in de wereld door de juiste handelingen en persoonlijke devotie van zijn aanhangers. Het ultieme doel van de aardse mens is het ontwikkelen van zijn of haar bewustzijn tot de uiterste perfectie; dit betekent dat hij of zij in harmonie gaat verkeren met de natuur.

Maät staat voor het spirituele pad dat elk individu moet volgen.

Het Egyptische model erkent het unieke van elk individu en daarom erkent het dat de paden naar het heilige even talrijk zijn als het aantal zoekers. De wegen naar het heilige zijn als stromen—ze leiden allemaal naar één bron.

De Oude Egyptenaren implementeerden hun geloof in individualiteit in al hun geschriften. Er bestonden nooit twee identieke transformationele (uitvaart) of medische (zogenaamde "magische") geschriften voor twee verschillende individuen. Men moet zijn of haar eigen leven leiden en elk van ons moet zijn of haar eigen weg gaan, geleid door Maät.

De religie uit het Oude Egypte is geen zaak van gezindte en dogma, maar meer een persoonlijke gids. Elk van ons is een individu. Elk van ons moet zijn of haar eigen leven leiden en zijn of haar eigen weg gaan, geleid door Maät.

Maät, De Weg, omvat de deugden, doelen en plichten die het accepteerbare bepalen, zo niet het ideale, sociaal verbindende en persoonlijk gedrag. Maät blijft in de wereld door de juiste handelingen en persoonlijke piëteit van zijn aanhangers.

De wijsheid uit het Oude Egypte heeft altijd veel nadruk gelegd op het cultiveren van ethisch gedrag en dienstbaarheid aan de maatschappij. Het thema waarvan alle Egyptische literatuur over wijsheid was doordrongen was het 'handelen naar' de Waarheid—*Maa-Kheru*—op aarde. Het verwachte gedrag en de ideeën van verantwoordelijkheid en retributie werden uitgedrukt in enkele literaire composities die vaak als geschriften met wijsheden worden genoemd.

Er bestonden aanvullende geschriften met praktische wijsheden van systematische aanwijzingen, bestaande uit grondregels en principes.

[Lees voor meer informatie over het spirituele pad: *Egyptian Mystics: Seekers of the Way* door Moustafa Gadalla.]

Als het model voor kosmische harmonie, orde, balans en evenwicht wordt Maät met veel functies geassocieerd, zoals het geven van gerechtigheid—zowel op aarde als na de aarde.

Maät is de Egyptische Vrouwe Justitia. Ons symbool van moderne gerechtigheid is een geblinddoekte dame die een weegschaal draagt. Dergelijk symbolisme vindt haar wortels bij Maät—het Oud-Egyptische symbool van gerechtigheid—een geblinddoekte dame. Maät wordt in haar rol als Vrouwe Justitia weergegeven *"met haar ogen gesloten"* zodat het recht voor iedereen gelijk is.

Maät wordt vaak in een dubbele vorm weergegeven en staat dan voor de twee tegenovergestelde kanten van een rechtszaak omdat de schaal van gerechtigheid niet in balans kan staan zonder dat de twee tegenovergestelde krachten elkaar in evenwicht houden.

Het Laatste Oordeel wordt gegeven in wat de Egyptenaren de *Hal van de Twee Maati* noemden.

De Egyptische vrouwe Justitia wordt weergegeven als een vrouw, met haar symbool, de veer van de struisvogel op haar hoofd en met het embleem van de waarheid in haar hand om het hoofdconcept van gerechtigheid te benadrukken—de zoektocht naar De Waarheid. Het symbool van Maät is de veer van de waarheid/

struisvogel die wordt gebruikt in de weegschaal van gerechtigheid.

Zoals bevestigd door Diodoros werden alle rechters van hoge rang in het Oude Egypte beschreven als de priesters van Maät en droeg de president van het hooggerechtshof een klein poppetje van Maät om zijn hals als teken van legitimiteit.

Het ultieme doel van de aardse mens is het ontwikkelen van zijn of haar bewustzijn tot de uiterste perfectie; dit betekent dat hij of zij in harmonie gaat leven met de natuur. Dit werd gesymboliseerd in enkele Egyptische tomben waarbij de overleden ziel op de Dag van het Laatste Oordeel, voor 42 rechters/neteru 42 Negatieve Confessies reciteerde. Iemand die succesvol was, werd door de Grand Jury als *Maa-cheroe*—Oprecht van Stem, Betrouwbaar genoemd.

De ziel van de overledenen wordt naar de Hal van het Oordeel van de Dubbele Maät geleid. Zij is dubbel omdat de schaal alleen in evenwicht is als de tegenstrijdige krachten gelijk zijn aan elkaar. Het symbool van Maät is de veer van de struisvogel die staat voor oordeel of waarheid. Haar veer wordt per traditie op de weegschalen bevestigd.

Het hart, als metafoor voor het geweten, wordt gewogen tegen de veer van de waarheid, om het lot van de overledenen te bepalen.

[Lees voor meer informatie over het onderwerp over het leven na de aarde: *Egyptian Cosmology: The Animated Universe* door Moustafa Gadalla.]

6.2 SESJAT

Sesjat is een andere uiting van de rol van Isis als het Goddelijke Intellect. Sesjat staat voor de organisatorische capaciteit van het bijhouden van records—kennis, informatie et cetera.

Sesjat wordt weergegeven met een rietpen en palet en legt daden vast tot in de eeuwigheid/ruimte, d.w.z. het geheugen.

Sesjat (of Sefekht —dat zeven betekent) wordt meestal afgebeeld met de huid van een luipaard—waarmee ze primitieve kracht symboliseert—en een bloem met zeven bloemblaadjes op haar hoofd.

Sesjat heeft ook de volgende namen: *De Opsommer, Vrouwe van Geschriften, Schrijver, Hoofd van het Huis van de Goddelijke Boeken (Archieven), Vrouwe van de Bouwers* et cetera.

Vaak wordt ze afgebeeld in scènes waarbij ze de fundamenten voor een nieuwe tempel legt. In deze context wordt ze beschreven als de *Vrouwe van de Bouwers*.

Sesjat is nauw verbonden met Thoth (Djehoety), en wordt gezien als diens vrouwelijke tegenhanger.

Sesjat, als de beheerder van records, wordt meestal afgebeeld terwijl ze bezig is met het vastleggen van scènes van de Boom van het Leven.

6.3 NEITH

Neith is een andere uiting van de rol van Isis als het Goddelijke Intellect en dit door het instellen van harmonieuze patronen.

In een dergelijke rol wordt ze gezien als Net die staat voor het goddelijke proces van het instellen van harmonieuze patronen—wat wordt gesymboliseerd door het weven.

Enkele van de 10.000 attributen van Isis noemen haar:

> *De Vrouwe van de werpspoel.*
> *Isis...Weefster en Volder.*

Neith wordt afgebeeld als een vrouw met twee gekruiste pijlen. Ze draagt een werpspoel op haar hoofd. Weven gebeurt door nerven en vezels met elkaar te kruisen. De twee pijlen symboliseren de twee richtingen van het kruisen.

Neith symboliseert de mogelijkheid om een patroon te creëren door het weven van een stof, net zoals het patroon van het gedrag van iets of iemand kan worden geweven of bepaald.

Het is niet toevallig dat Neith wordt genoemd als een van de vier patronen van de canopische vaas, de beschermer van de maag, die de zetel is van voortgang en digestie—zowel fysiek als metafysisch.

6.4 NOET—FIRMAMENT

In haar rol als het firmament wordt Isis gezien als **Noet**.

Noet wordt met veel gerelateerde functies geassocieerd zoals:

A. Het Firmament van de Hemel

B. Noet en Geb—De Hemelbol

C. Noet, De Hemelse Astronomische Sterrenhemel: aangezien zij gerelateerd is aan:

- principes van de zon en de maan
- de cyclus van de dierenriem

D. Noet, De Geest van de Hemel; afgebeeld op:

- Doodskisten en deksels van doodskisten
- Tombes/grafkamers
- De Boom van het Leven, Voeding en Wedergeboorte

6.4.A. Het Firmament van de Hemel

Het firmament als hemel wordt in het Oude Egypte poëtisch beschreven als een solide boog of gewelf. De geschriften uit het Oude Egypte beschrijven Isis als

De Koningin van de Hemel
De Koningin van het Firmament.

In haar rol als het firmament wordt Isis gezien als Noet.

Noet wordt in verschillende vormen afgebeeld, vaak als een naakte vrouw, gebogen over de hemel, waarbij ze de avondzon inslikt en bevalt van de ochtendzon. De nieuwe zon wordt vaak weergegeven in de vorm van een mestkever.

Noet symboliseert de hemel als matrix van alles—de kosmische bron van voeding.

6.4.B. Noet en Geb—De Hemelbol

Dualisme is de natuurlijke manifestatie van creatie. In het licht hiervan heeft Noet als vrouwelijk principe een spiegelbeeld in de vorm van een mannelijke tegenhanger en partner. De mannelijke tegenhanger van Noet is Geb. Geb symboliseert de materiële/fysieke aspecten van het universum.

Geb wordt afgebeeld als een man die een gans op zijn hoofd draagt. Dit symbool is de bron van het wereldwijd bekende verhaal van de gans die het gouden ei legde—waaruit dan de wereld ontstond.

In wetenschappelijke termen is het ei de hemelbol—de universele bubbel die alle creatie omvat.

In deze hemelbol symboliseert Geb de fenomenale of fysieke wereld en staat Noet voor de Noumenon of metafysische wereld.

6.4.C. Noet, de hemelse astronomische sterrenhemel

Noet wordt weergegeven als een met sterren bezaaide vrouw gebogen over de hemel.

Het is opvallend dat we in het eerste boek van Genesis het volgende lezen:

"En God zeide: Dat er lichten zijn in het uitspansel des hemels".

In Genesis I, 14 staat:

"14: En God zeide: Dat er lichten zijn in het uitspansel des hemels, om scheiding te maken tussen den dag en tussen den nacht; en dat zij zijn tot tekenen en tot gezette tijden, en tot dagen en jaren!".

Hier wordt geïmpliceerd dat de in de hemel waargenomen veranderingen samenhangen met de veranderingen op aarde—zoals de cyclus van de seizoenen. De cyclische aard van het universum—helemaal of gedeeltelijk—is een steeds terugkerend en consistent thema in de geschriften uit het Oude Egypte.

Noet wordt gebogen over de hemel afgebeeld, waarbij ze de avondzon inslikt en bevalt van de ochtendzon. De nieuwe zon wordt vaak weergegeven in de vorm van een mestkever—een nieuw begin—een wedergeboorte.

Een van de 10.000 attributen van Isis beschrijft haar als:

De Koningin van de sterren van Dekan.

In Genesis I, 16-17 staat:

16: God dan maakte die twee grote lichten; dat grote licht tot heerschappij des daags, en dat kleine licht tot heerschappij des nachts; ook de sterren.
17: En God stelde ze in het uitspansel des hemels, om licht te geven op de aarde.

In Genesis I, 16 wordt ook verwezen naar de creatie van het *"grote licht"* van de dag en het *"kleine licht"* van de nacht. Er wordt duidelijk verwezen naar de zon en de maan.

In het Egyptische model symboliseert Isis de zon en Osiris de maan. Voor de Egyptenaren gold dat de zon en de maan meer dan alleen licht gaven tijdens de dag en de nacht. Hier wordt aangegeven hoe belangrijk ze zijn voor de creatie en het behoud

van het universum, zoals voorspeld door Diodoros Van Sicilië in
zijn *Boek I*, [11, 5-6],

*"Deze twee neteru (goden)—Isis en Osiris—houden het hele
universum bijeen en beheersen het, en geven voeding en groei
aan alle dingen..."*

Daarna legt Diodoros de redenen van de Oude Egyptenaren voor
het belang van de zon en de maan voor het bestaan van het universum, als volgt uit:

*"Bovendien wordt alle fysieke materie, die essentieel is voor
het genereren van alle dingen, gecreëerd door deze twee neteru
(goden), Isis en Osiris, gesymboliseerd door de zon en de maan.
De zon heeft het vurige element en de spirit, de maan het natte
en het droge, en allebei hebben ze lucht; en het is via deze elementen dat alle dingen worden voortgebracht en gevoed.*

*En dus is het door de zon en de maan dat het hele fysieke
lichaam van het universum wordt voltooid; en wat betreft de
net genoemde vijf delen van deze lichamen—de spirit, het vuur,
het droge en ook het natte, en als laatste, de lucht—en zoals we
bij een mens hoofd en handen en voeten en de andere delen een
naam geven, bestaat op dezelfde manier het lichaam van het
universum in zijn geheel uit deze delen".*

Naar de creatie van de sterren wordt gerefereerd aan het einde
van Genesis I, 16:

*16: God dan maakte die twee grote lichten; dat grote licht tot
heerschappij   des daags, en dat kleine licht tot heerschappij
des nachts; ook de sterren.*
*17: En God stelde ze in het uitspansel des hemels, om licht te
geven op de aarde.*

Voor de Oude Egyptenaren zijn de sterren veel belangrijker dan
om *"alleen maar hun licht te laten schijnen op aarde".*

De Egyptische Noet wordt altijd geassocieerd met de sterrenbeelden in de hemel. Opvallend zijn de tekens van de dierenriem
die worden aangetroffen in Egyptische tombes en tempels van
vele eeuwen vóór het Griekse tijdperk.

[Meer informatie over het onderwerp astronomie en de dierenriem zijn te vinden in *Ancient Egyptian Culture Revealed* door
Moustafa Gadalla.]

6.4.D. Noet de Geest van de Hemel

Noet als Geest van de Hemel wordt prominent afgebeeld in de
rustplaatsen van de Oude Egyptenaren in tombes/grafkamers,
op doodskisten en deksels van doodskisten. En hier in de
tombes/grafkamers.

Wat betreft de voedende moedergeest uit de hemel, komt Noet
voort uit de boom van het leven om de zielen van de overledenen
te offeren, de eeuwig durende metafysische voeding.

6.5 NEBET-HET—DE TWEELINGZUSTER VAN ISIS

Reeds in hoofdstuk 2 van dit boek werd Nebet-het als het universele duale aspect van Isis behandeld. Hier geven we meer
informatie over Nebet-het zelf.

De Egyptische naam van Nebet-het is **Nebt-Het**, wat staat voor gouden/nobelste/meesteres (**Nebt**) *van de plaats/huis* (**Het**).

Nebet-het wordt afgebeeld als een vrouw die op haar hoofd de symbolen draagt die als haar naam te lezen zijn.

Nebet-het is een van de vier patronen op canopische vazen en beschermt de longen. Isis beschermt de lever. Selket beschermt de ingewanden. Neith beschermt de maag.

6.6 SATET

Satet is één van de attributen van Isis als "Moedertijd". In een dergelijke rol wordt Satet geassocieerd met Sabt (Sirius/ Sothis)—de ster van Isis die het begin van het Oud-Egyptische Nieuwe Sothische jaar en het inundatieseizoen van de Nijl inluidt.

Satis wordt afgebeeld als een vrouw die een witte kroon met antilopehoorns draagt.

In een aantal van haar attributen wordt Isis in Oud-Egyptische geschriften beschreven als:

> *Sothis, die het Nieuwe jaar inluidt.*
> *De vrouwe van het begin van het jaar.*

[Lees voor meer informatie over astronomie in het Oude Egypte *Ancient Egyptian Culture Revealed* door Moustafa Gadalla.]

6.7 TAWERET

Taweret is Isis in haar rol als Goddelijke Zwangere Moeder. Taweret of Toëris staat ook bekend als Apt en Sheput.

Haar gewone titels zijn "**meesteres van de neteru** (goden, godinnen)" en "**drager van de neteru** (goden, godinnen)". Taweret is dus de patrones van kinderen en moederschap in de aardse sfeer. Ze is het symbool bij uitstek van de vroedvrouw—zowel fysiek als metafysisch.

Taweret staat aan het begin van elke cyclus—zoals de cyclus van de dierenriem—zoals afgebeeld in verschillende plaatsen vóór het Griekse tijdperk.

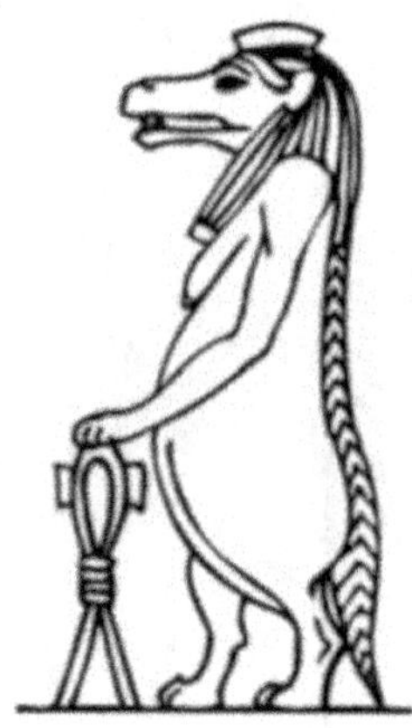

En precies dezelfde afbeelding [tweede van links boven het register] in de tempel van Dendera.

Taweret wordt afgebeeld als een rechtopstaand nijlpaard met hangende borsten, de klauwen van een leeuw en de staart van een krokodil.

Naar **Taweret als Apt/Opt**—wordt ook verwezen als Apet/Opet.

In haar vorm als Ipet/Opet/Apet, heeft Taweret een belangrijke rol in de grootste tempel van Egypte, namelijk het tempelcomplex van Karnak in Ta-**Apet** (Thebe/Luxor).

De Oud-Egyptische naam voor de tempel van Karnak zelf is **Apet**-sut, wat *Opsommer van de Plaatsen* betekent. Het ontwerp en de opsomming in deze tempel zijn consistent met de creatie en groei van de numerieke codes. [De principes en toepassingen van dergelijke numerieke en geometrische code zijn te vinden in het boek: *The Ancient Egyptian Metaphysical Architecture*, of de oudere editie ervan, *Egyptian Harmony: The Visual Music*, beide door Moustafa Gadalla.]

Een van de meest prominente festivals in Luxor sinds de oudheid is het Festival van **Apet**.

De Oud-Egyptische naam voor Luxor is **Ta-Apet**, dat zegt genoeg.

6.8 MOET

In Oud-Egyptische geschriften wordt naar Isis in haar rol als de heilige moeder verwezen als

> *De moeder van neter* (god)—dat wil zeggen Horus.

Moet, zoals ze wordt genoemd in een dergelijke rol, symboliseert het principe van het moederschap in zijn meest pure en abstracte vorm.

De term Moet is linguïstisch gerelateerd aan de in veel talen aangetroffen soortgelijk klinkende woorden voor moeder.

Moet wordt meestal afgebeeld als een vrouw met het lichaam van een gier, dat zo kunstzinnig tot haar eigen hoofd is gevormd dat het op een hoofdtooi lijkt. Soms wordt Moet afgebeeld met uitgestrekte gevleugelde armen met veren.

De redenen waarom de gier voor deze specifieke rol werd gekozen, zijn:

1. De gier is ogenschijnlijk erg fanatiek als het gaat om het verzorgen van haar jonkies.
2. De vrouwelijke gier wordt zwanger door zichzelf bloot te stellen aan het mannelijke sperma dat door de wind wordt gedragen en niet door direct contact met de mannetjes. De gier is daarom het symbool van de maagdelijke geboorte—met andere woorden zuiverheid. Zuiverheid van bloed en ziel is een vereiste om door te kunnen gaan naar hogere sferen.

Moet is op veel plaatsen en in vele vormen te zien zoals met Sekhmet, Hathor, Noet en met Bastet en vele anderen.

6.9 SECHMET—DE PATRONES

Sekhmet of Sechmet is Isis in haar rol als de "Patrones". Eigenlijk zijn het twee woorden: Sech en Met—dat "Ouder" of "Patrones" betekent.

Als Patrones wordt Sechmet op Egyptische voorstellingen afgebeeld als een leeuwin. De beelden van Sechmet zijn meestal gemaakt van stollingsgesteentes zoals basalt of graniet en leggen de nadruk op haar onstuimige aard.

Sechmet symboliseert het onstuimige aspect van de krachten van creatie.

In de *Litanie van Ra* wordt Ra (in een van zijn 75 vormen/ attributen) beschreven als ***de Ene van de Kat***, en als ***de Grote Kat***.

Als de Goddelijke Patrones wordt Sechmet meestal afgebeeld als een vrouw met blote borsten en de kop van een leeuwin, omgeven door de zonneschijf, rond of in een uraeus.

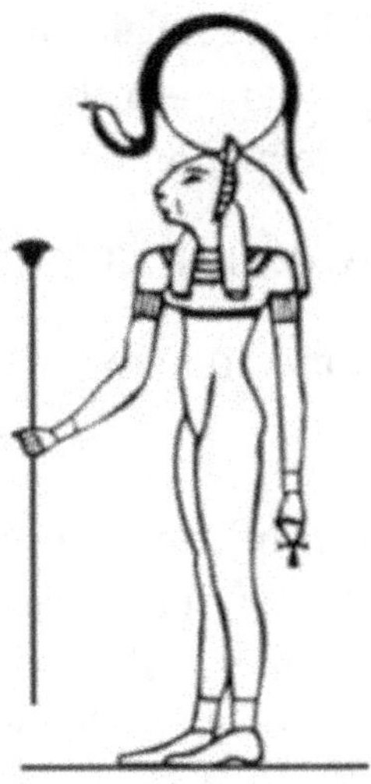

Als de Goddelijke patrones projecteert zij:
a. een drang/passie/wens/wil om te creëren. Om haar drang/ passie/wens/wil om te creëren te tonen, wordt Sechmet afge- beeld met een ithyfallisch mannelijk lichaam.

b. hartstochtelijk liefhebben. Afbeeldingen tonen haar bij het ondersteunen/aanmoedigen van anderen in liefhebbende gebaren. Ondersteuning en aanmoediging.

c. hartstochtelijke, onbevreesde bescherming van haar creatie. Om de hartstochtelijke, onbevreesde bescherming van haar cre- atie te tonen, zijn beelden van Sechmet gevonden bij de ingangen van tempels—zoals in Medinet Hapu in Luxor of bij de buiten-muur van de tempel in Esna.

De leeuwin is het meest onverschrokken dier op aarde. In onze moderne maatschappijen zijn de ingewanden en ruggengraat symbolen van fysieke moed. Dit concept vindt zijn wortels in het Oude Egypte. In de *Papyrus van Ani* [pl 32, item 43] lezen we:

Mijn buik en ruggengraat zijn Sechmet.

Sechmet wordt bijna altijd afgebeeld met Chons—zij staat voor het vrouwelijke zonneprincipe—en hij—Chons—staat voor het mannelijke principe van de maan.

6.10 BASTET—DE DOCIELE KAT

In haar rol als het centrum van kalmte is Isis de dociele kat Bast of Bastet.

In de Litanie van Ra wordt hij beschreven als de Ene met de Kat en de Grote Kat. De negen sferen van het universum zijn in de kat vertegenwoordigd, want zowel de kat als de Grote Enneade (wat de eenheid van negen betekent) hebben dezelfde Oud-Egyptische term "b.st". Deze relatie heeft zijn weg gevonden in de westerse cultuur waar het spreekwoord luidt *"de kat heeft negen levens"*.

Bastet symboliseert het zachtaardige en dociele aspect van de kat in tegenstelling tot Sechmet, de vurige leeuwin.

Bastet wordt meestal met het hoofd van een kat afgebeeld.

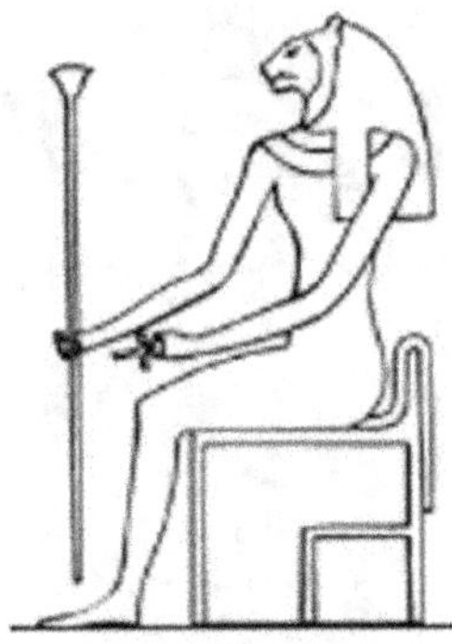

Bastet symboliseert de totale innerlijke harmonie—het gevoel van inwendig geluk, tevredenheid en vrede.

Herodotus schreef over de jaarlijkse festiviteiten rond de tempel van Bastet van Tell Basta (Bubastis), net buiten Zagazig, in de Nijldelta.

Die jaarlijkse festiviteiten van deze oude stad trokken meer dan 700.000 mensen aan. Herodotus beschreef hun plezier tijdens de vieringen van Bastet.

6.11 QETESH

Hier bestuderen we Isis in haar rol als het symbool van legitieme erfgename, Qetesh.

Qetesh symboliseert legitimiteit.

Qetesh betekent heilig of gewijd in het Oude Egypte.

Qetesh wordt vaak afgebeeld als een jonge vrouw die op de rug van een leeuw staat en zo de matrilineaire/matriarchale principes voorstelt.

Qetesh werd gewijd en beschreven in Oud-Egyptische geschriften als de Geliefde van Ptah.

Qetesh wordt vaak geassocieerd met Hathor in haar rol als Astarte—Patrones van de reizigers.

Daarom kunnen we—in latere tijden—afbeeldingen van Qetesh uit Memphis van meer dan 4.000 jaar oud aantreffen in Jemen aan de zuidelijke kant van de Rode zee. Dit is het bewijs van een levendige zeehandel in het Oude Egypte van duizenden jaren geleden.

6.12 HEKET

Heket is Isis in haar rol als symbool van vruchtbaarheid.

Heket symboliseert conceptie en verwekking, ze is de bron van leven en daarom wordt ze in Egyptische monumenten altijd afgebeeld vlakbij scènes van goddelijke conceptie.

Heket wordt weergegeven als een vrouw met het hoofd van een kikker of als een kikker.

Heket wordt geassocieerd met Khnum en de jaarlijkse overstroming. Net vóór die jaarlijkse overstroming van de Nijl verschijnen er altijd grote aantallen kikkers. Amuletten van kikkers waren/zijn populair voor de vruchtbaarheid vanwege de productieve aard van de kikker.

6.13 SELKET

Selket is Isis in haar rol als beschermer.

Selket (Selchis) staat symbool voor het vurige beschermende aspect van het moederschap.

Selket (Selchis) is te herkennen aan de schorpioen, beroemd voor de bescherming van haar jonkies.

Selket (Selchis) als een aspect van Isis symboliseert bescherming en verzorging van jonge kinderen.

Selket (Selchis) wordt meestal afgebeeld als een vrouw met een schorpioen op haar hoofd en soms als een schorpioen met het hoofd van een vrouw.

Selket (Selchis) is een van de patronen van de vier canopische vazen die de ingewanden beschermen.

6.14 ANAT

Anat is Isis in haar rol als bewaker. Een goede bewaker staat altijd klaar om elke bedreiging van buitenaf af te slaan. Daarom wordt Anat afgebeeld als een vrouw die een schild en een bijl vasthoudt.

Anat is de bewaker (geen "krijgergodin") van de oostelijke grens van Egypte bij Tanis, daarom symboliseert ze de wilde natuur—een aspect van Set. Anat wordt ook geassocieerd met de leeuwin, Sechmet, de onverschrokkene.

6.15 HATHOR—VENUS

Hathor is Isis in haar rol als Verzorger.

Hathor bestaat eigenlijk uit twee woorden "Het-hor" dat meestal vertaald wordt als het *"huis van Horus"*.

Het eerste deel—**Het**—vertaald als "huis" betekent meer dan alleen maar huis. Eigenlijk betekent het *de baarmoeder als een Matrix*—waarbinnen iets ontstaat, vorm krijgt en tot volle wasdom ontwikkelt.

De baarmoeder levert voeding en bescherming. En daarom levert Het-hor zowel voeding als bescherming. Horus symboliseert het gerealiseerde goddelijke principe—en Horus draagt verschillende namen/attributen—terwijl hij ontwikkelt van zuigeling tot volwassenheid—binnen de kosmische baarmoeder.

De geschriften uit het Oude Egypte beschrijven Isis van de 10.000 namen in haar rol als Het-heru als:

De Koe Heru-sekha, die alle dingen voortbrengt.
Die het kind Horus voedde met haar melk.
De Vrouwe van plezier en vreugde.
De vrouwe van de Liefde.

Als model voor kosmische voeding van allerlei soorten wordt Hathor geassocieerd met enkele gerelateerde functies. We noemen hier kort enkele van die toepassingen:

A. De Vrouwe van de Liefde—Venus
B. De Kosmische Verzorger
C. De Hemelse Zeven Maagden/Zeven Hemelse Sferen
D. De Genezer
E. Haar Boom van het Leven
F. De Ultieme Tempel—Het Huis van Horus/Ra-horakhti
G. Beschermer van Reizigers—Astarte

6.15.A. De Vrouwe van de Liefde—Venus

In het woordenboek staat dat de naam —of het woord—Venus van WENOS afstamt. Wenos of Wanas is in feite een Egyptisch woord dat geanimeerd gezelschap, geniaal, sociaal, vrolijk en aangenaam betekent.

Het zelfstandig naamwoord van we-nos is A-nesa [Aa-NES-sa], dat maagd betekent, met alles wat daarmee wordt geïmpliceerd.

De Egyptische Venus—in haar allesomvattende naam Hathor—symboliseert de matrix van het metafysische spirituele principe en zorgt voor spirituele voeding, genezing, plezier, het bedrijven van de liefde, muziek en vrolijkheid.

6.15.B. De Kosmische Verzorger—Madonna

Hathor, als de Grote Gever van spirituele verzorging, wordt vaak afgebeeld als een vrouw met de kop van een koe, of helemaal in mensengedaante maar met de oren van een koe. De koe is het ideale symbool voor verzorging van allerlei soorten en daarom het ideale symbool voor Hathor.

Ze draagt verschillende hoofdtooien, meestal een paar hoornen die de zonneschijf omvatten.

Op het kosmische niveau wordt Hathor afgebeeld in de volledige gedaante van een koe om het kosmische concept/attribuut van verzorging te symboliseren.

Wij noemen hier enkele koegedaanten van Hathor:

– Ten eerste Hathor als de Hemelse Koe **Mehet-Uret** met haar lichaam versierd met sterren.

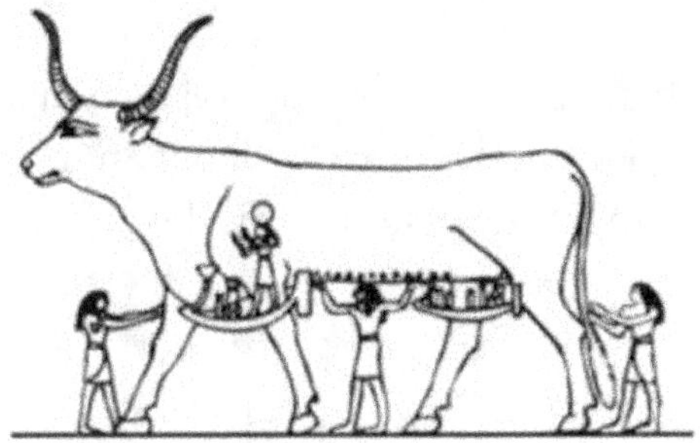

Mehet-Uret (Mehurt, Methyer) symboliseert het primitieve water, d.w.z. de waterige peilloze diepte van de hemel. Water is de bron van leven en voeding.

Soms wordt de koning als symbool voor Horus afgebeeld terwijl hij melk drinkt uit haar uier.

De geschriften uit het Oude Egypte beschrijven Isis van de 10.000 namen in haar rol als Hathor als:

> *De Koe Heru-sekha, die alle dingen voortbrengt.*
> *Die het kind Horus voedde met haar melk.*

De Hemelse koe wordt ook afgebeeld met zeven koeien. Hathor wordt geassocieerd met het getal zeven en werd de Zeven Hathors genoemd.

– **Hesat** is een vorm van Hathor die als doel het voeden van haar jongen heeft.

Hesat symboliseert de metafysische voeding (liefde, verzorging,

zingen... et cetera) die nodig is voor de groei en het welzijn van
de kinderen.

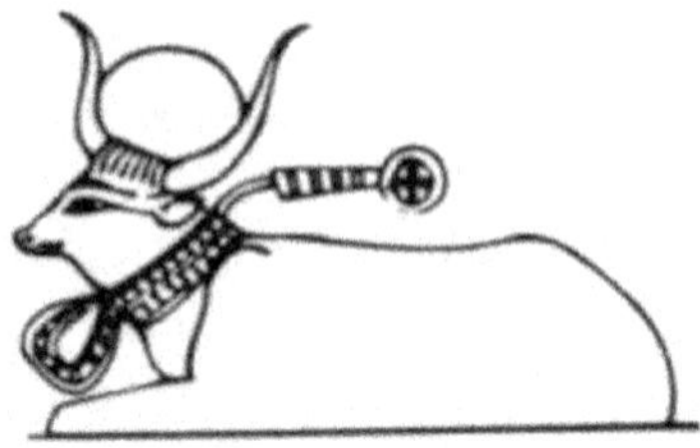

Borstvoeding staat voor zowel de fysieke als de metafysische—spirituele voeding. De meest diepgaande afbeelding is die
van Isis in haar vorm van Hathor die borstvoeding aan Horus
geeft.

De geschriften uit het Oude Egypte beschrijven Isis van de
10.000 namen in haar rol als Hathor als:

Zijdie het kind Horus voedde met haar melk.

Deze krachtige symboliek fungeerde als icoon voor De Madonna
met het Kind. De Egyptische Madonna met haar kind wordt
al sinds het tijdperk van het Oude Rijk—circa 5000 jaar geleden—aangetroffen zoals hier in Saqqara uit dit vroege tijdperk is
afgebeeld.

In veel weergaven zien we de Egyptische Madonna met haar kind afgebeeld in zeven kopieën—symbool voor de Zeven Hathors.

Afbeeldingen van het geven van borstvoeding aan jonge en oudere volwassenen—door Hathor symboliseren spirituele voeding—want we hebben deze voeding allemaal nodig tijdens onze voortgang naar volwassenheid.

Hathor als symbool van spirituele voeding speelt ook een belangrijke rol in transformationele (uitvaart) geschriften, waarbij ze de spirituele voeding geeft die de ziel van de overledene nodig heeft.

6.15.C. De Hemelse Zeven Maagden

Hathor staat bekend als *de meesteres van dansen en muziek.*

Hathor wordt geassocieerd met de zeven natuurlijke tonen van de diatonische toonladder en wordt/werd "**De Zeven Hathors**" genoemd.

[Meer informatie over muziek en dans is te vinden in het boek, *The Enduring Ancient Egyptian Musical System*, of de oudere versie ervan, *Egyptian Rhythm: The Heavenly Melodies*, beide door Moustafa Gadalla.]

U vraag zich misschien af—waarom zeven?

De Egyptenaren geloofden dat de universele energiematrix uit het volgende bestond:

    2 aardse sferen—en
    7 hemelse sferen.

Aangezien Hathor de metafysische aspecten van het universum symboliseert, omvat ze tevens de zeven hemelse sferen.

Hathor wordt afgebeeld met een sistrum—een muzikale ratel—op het hoofd.

De teksten van de hymne van het "Lied van de Zeven Hathors" uit de Tempel van Dendera, bestaat uit zeven coupletten, elk met vier zinnen.

De intieme relatie tussen muziek en de kosmos wordt duidelijk als volgt aangegeven in een van de Zeven Coupletten:

> *De hemel en de sterren maken muziek voor u.*
> *De zon en de maan loven u.*
> *De neteru* (goden, godinnen)*verheffen u.*
> *De neteru* (goden, godinnen)*zingen voor u.*

Het muzikale aspect van Hathor wordt gesymboliseerd door **Merit**. Merit is de kosmische dirigent/maestro die de noten en de stroom van de muzikale prestaties beheert.

De hand van Merit is het universele symbool van actie. Muzikaal gezien regelen de vingers het geluid dat uit de muziekinstrumenten komt. De tonen hangen af van de vingerstand. Daarom zijn vingers de meest logische manier om muziek uit te drukken, te schrijven en te instrueren.

Het gevolg was dat een bepaalde noot zijn naam kreeg van de vinger die de snaar plukte of doofde. Daarom werden vingers vaak gebruik om de techniek van slaan te beschrijven naast de andere uitdrukkingen voor het bespelen van een instrument.

In Egypte (het Oude en dat van de Baladi) is alleen deze conventionele "vingerbeweging" nodig om de verschillende modussen te identificeren..

6.15.D. Hathor, de Genezeres

Isis in de vorm van Hathor symboliseert de panacee en daarom zoekt de mensheid altijd haar hulp.

Ze beschermt, zorgt en voedt alle creaties. Ze gebruikt haar krachten minzaam en met succes—voor iedereen die hulp zoekt.

De bevolking van Egypte zag Isis als een patrones wier zorg voor de hele reeks aan menselijke behoeften gold.

Diodoros van Sicilië beschrijft in *Boek Eén* de vrouwelijke zorgende kwaliteiten van Isis in haar vorm van Hathor:

> *"De Egyptenaren zeggen dat ze de ontdekster was van veel genezende medicijnen en dat ze enorm veel expertise had in de GENEESKUNDE.*
>
> *Het gevolg is datze, nu ze de onsterfelijkheid heeft bereikt, haar grootste voldoening vindt in het genezen van de mensheid en ze geeft hulp aan hen die haar in hun slaap ROEPEN, waarbij ze duidelijk haar aanwezigheid en liefdadigheid manifesteert aan mensen die haar om hulp vragen.*
>
> *Als bewijs hiervan zeggen ze dat in feite de hele bewoonde wereld hun getuige is omdat die graag bijdraagt aan het eren van Isis omdat ze zichzelf manifesteert in genezingen. Staand boven de zieken in hun slaap geeft ze hen hulp tegen al hun ziektes en creëert ze wonderbaarlijke genezingen zoals henzelf toewijden aan haar en de velen die door hun artsen wanhopig werden afgeschreven vanwege de moeilijke kwaal die ze hadden, zijn goed genezen door haar terwijl velen die blind zijn geworden of waarvan een ander deel van het lichaam niet meer functioneert, wanneer ze zich tot haar om hulp wenden weer de gezondheid van weleer krijgen".*

Verreweg het grootste aantal tempels in de Egyptische

geschiedenis was en is gewijd aan Hathor. Er is in feite geen plaats (groot of klein) in Egypte die geen tempel aan de *Saba Banat*, oftewel de Zeven Het-Heru, heeft gewijd. Dergelijke tempels worden wekelijks door bijna alle Baladi-vrouwen in Egypte bezocht.

Hathor is in feite in alle tempels en tombes aanwezig, zoals die in Luxor (Thebe), Heliopolis, Memphis, Dendera Abu Simbel, de mijngebieden van de Sinaï en de talrijke plaatsen tussen deze belangrijke centra. Het belangrijkste centrum van Hathor was/is in Dendera.

De tempels van Hathor waren vaak centra van geneeskunde. Hathor staat voor genezing (een functie die ook met Sechmet wordt geassocieerd). Eén van de belangrijkste rollen van Dendera was die van een centrum van genezing, waar allerlei soorten therapieën werden beoefend, min of meer—als een ziekenhuis in onze moderne betekenis, maar met meer nadruk op het genezen van het lichaam en de ziel met alle middelen en niet beperkt tot chirurgische procedures.

6.15.E. Haar Boom van het Leven

Hathor symboliseert de metafysische verbindingen tussen ons aards bestaan en onze voorouders. Daarom symboliseert Hathor de stamboom.

In de hele wereld verwijzen mensen naar elkaars "stamboom". In Egypte wordt die term gebruikt om te verwijzen naar de verblijfplaats van overleden voorouders. Daarom schrijven mensen vaak briefjes en bevestigen ze die dan aan de takken van de boom. De boom verandert in een medium tussen de overledenen en de levenden.

Hathor symboliseert daarom de (stam)boom netert (godin).

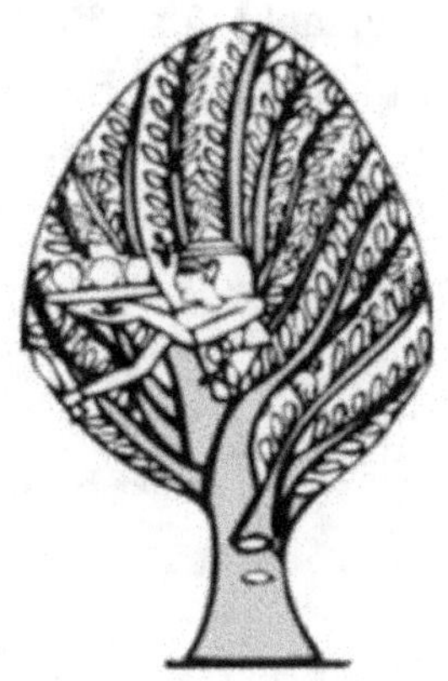

Over het belang van de boom van Hathor schreef Plutarchus in *Moralia Vol. V* (378, 68 G) het volgende:

> *"Men zegt dat van alle planten in Egypte vooral de persea in dienst staat van de godin Hathor omdat zijn vruchten op een hart en zijn bladeren op een tong lijken"*.

Wat Plutarchus schrijft, wordt bevestigd door talrijke Oud-Egyptische afbeeldingen [zoals hier weergegeven] van Hathor, die uit de boom van het leven komt om spirituele voeding te geven.

De universele regel van oorzaak en gevolg—gesymboliseerd door de functies van het hart en de tong—wordt op de stèle van Shabaka (716-701 v. Chr.) als volgt beschreven:

> *"Het Hart en de Tong heersen over allen... de neteru* (goden, godinnen), *alle mensen, al het vee, alle kruipende dingen en al wat leeft. Het Hart denkt al wat het wenst en de Tong levert al wat ze wenst"*.

6.15.F. De Ultieme tempel—Het Huis van Horus/Ra-Horakhti

Laten we nog eens hernemen wat Hathor symboliseert. Hathor wordt door westerse Egyptologen vertaald als **"het huis van Horus"**.

Het eerste deel—Het—vertaald als "huis" betekent meer dan alleen maar huis. Eigenlijk betekent het de baarmoeder als een Matrix—waarbinnen iets ontstaat, vorm krijgt en tot volle wasdom ontwikkelt.

Horus symboliseert het gerealiseerde goddelijke principe—en Horus draagt verschillende namen/attributen—terwijl hij ontwikkelt van zuigeling tot volwassenheid—binnen de kosmische baarmoeder.

De uiteindelijke bestemming is de vereniging met de maker als Ra. Op dat punt wordt de gerealiseerde ziel Re-Hor-Akhti. Daarom wordt He-hor de Vrouwe van het Westen genoemd, de verblijfplaats van Horus—als Ra-Herachti.

De gerealiseerde ziel—gesymboliseerd door een valk die de zonneschijf draagt—wordt omsloten—binnen Hathor—als de boom van het leven—de Ultieme Tempel.

6.15.G. Beschermer van Reizigers—Astarte

Hathor heeft een prominente plaats die verder gaat dan het land Egypte. Laten we hier even halt houden om te zien hoe en waarom haar rol buiten de grenzen van Egypte belangrijk is.

Wij hebben gezien dat de naam en functie van Hathor de kosmische baarmoeder symboliseren. Daarom zorgt Hathor voor zowel voeding als bescherming—zoals we in dit hoofdstuk hebben aangetoond.

Naast haar aardse bestaan speelt Hathor een belangrijke rol in de transformationele geschriften en spirituele voeding en geeft ze de ziel van de overledene de nodige begeleiding terwijl die door de kosmische zee reist.

Op aarde zorgt Hathor voor een goddelijke escorte voor reizigers op zee. Het gevolg is dat Hathor, ook bekend als Asjera, de Egyptische patrones is voor het reizen en varen waardoor ze in deze rol vaker buiten de grenzen van Egypte verschijnt.

Aan het einde van het volgende hoofdstuk van dit boek staat meer informatie over haar aanbidding buiten Egypte en op feestelijkheden in het Middellandse Zeegebied.

DE BEMINDE IN ALLE LANDEN

7.1 DE VERSPREIDING VAN DE EGYPTISCHE RELIGIE

In dit hoofdstuk bespreken we hoe de ideologie van Isis zich verspreidde in het Middellandse Zeegebied en verder—namelijk wereldwijd.

Isis, in een van haar 10.00 namen, heet:

"Bemind in alle landen".

Isis van de 10.000 namen en ook andere goden uit het Oude Egypte werden in het hele Middellandse Zeegebied en verder overgenomen. Bas-reliëfs, munten en andere antiquiteiten die zijn gevonden in Thessalië, Epirus, Megara, Korinthos, Argos, Malta en veel andere plaatsen, bevatten afbeeldingen van goden uit het Oude Egypte. Door haar vele namen en vormen stelden de Grieken haar gelijk met een aantal van de godinnen uit hun pantheon. Onder andere aan Persephone, Ceres, en Athene. Herodotus, in *De Historiën*, Boek 2 [2-8], schreef:

"De namen van bijna alle goden kwamen tot Griekenland vanuit Egypte".

Dit is logisch als we ons twee punten realiseren:

a. sinds de vroegste geschiedenis van de vergelijkende filologie is het al duidelijk dat de klanken van gerelateerde talen ogenschijnlijk op systematische wijze met elkaar overeenkomen. Als voorbeeld van het fenomeen van het verschuiven van een klank is het mogelijk om de naam van een persoon te herkennen in totaal verschillende klanken zoals Santiago/San Diego/San Jacob en Sint-Jacob. Jacob/ Jack/Jaques/James zijn dezelfde naam, en dus een voorbeeld van het fenomeen van het verschuiven van klanken, waar een letter die een groep mensen niet kan uitspreken, wordt vervangen door een andere klank die voor die groep mensen makkelijk is uit te spreken.

b. We moeten niet vergeten dat wat we vaak als *namen* van goden zien in werkelijkheid de "attributen" van die goden zijn. De *echte namen* van de goden werden geheim gehouden. De echte naam was/is doordrenkt met magische krachten en eigenschappen. Het weten en uitspreken van de echte naam van een god is er macht over uitoefenen. De Oude Egyptenaren (en later anderen in het Middellandse Zeegebied en verder) gebruikten vaak "namen" met religieuze connotaties om de kosmische krachten van de god te beschermen. Baäl betekent gewoon Heer of heerser, en dus spreken we van Baäl of de Baälat (Vrouwe) van een of andere stad. Zo ook voor Melek, dat koning betekent. En dat geldt ook voor Adon, dat Heer of Meester betekent. Melqart betekent Koning van de Stad.

Als bevestiging van de meldingen van Herodotus van de overname van Egyptische goden door de Grieken, bewijst archeologisch onderzoek van artefacten uit de 4de eeuw (vóór onze jaartelling) dat Athene in feite een centrum van de Egyptische religie was en dat er in veel regio's in het Griekenland uit die periode tempels, zowel openbaar als privé, werden opgericht.

In het Magna Graecia tonen de in Catania (op Sicilië) gevonden monumenten dat deze stad een centrum was voor het aanbidden van Egyptische goden. In Zuid-Italië stonden veel tempels van

Isis en de restanten van beelden et cetera die in Reggio, Pozzuoli, Pompeï, en Herculaneum zijn aangetroffen, bewijzen dat het aanbidden van Egyptische goden een normale zaak was.

De religieuze praktijken van het Oude Egypte werden weerspiegeld in Griekenland; zoals bevestigd door de Griekse vader van de geschiedenis, Herodotus in *De Historiën*, Boek 2, [107] schrijft:

> *"Het waren ook de Egyptenaren, die ze bedachten en die de Grieken leerden ceremoniële bijeenkomsten, processies en offerandes bij processies te gebruiken: een feit dat duidelijk te zien is in de oudheid van dergelijke ceremonies in Egypte, in vergelijking met die van Griekenland, waar ze slechts recentelijk werden geïntroduceerd. De Egyptenaren komen niet slechts één keer per jaar plechtig bijeen, maar een aantal keren".*

Aansluitend bij wat Herodotus zegt, meldt Plutarchus in *Moralia, Isis en Osiris*, [378-9, 69] dat,

> *"Onder de Grieken er veel dingen worden gedaan die veel op de Egyptische ceremonies in de tempels van Isis lijken, en ze voeren ze ongeveer rond hetzelfde tijdstip uit".*

In Rome, in de eerste eeuw v. Chr., werd Isis gezien als de hoofdgodin van de stad. Prachtige gebouwen en tempels werden ter aanbidding van haar gemaakt, gevuld met Egyptische voorwerpen, obelisken, altaren, beelden et cetera, die uit Egypte werden overgebracht om de tempels er uit te laten zien als in haar land van herkomst. Priesteressen, die voorwendden de "geheimen" van Isis te kennen, woonden in of vlakbij deze tempels en assisteerden bij diensten en ceremonies waar grote groepen aanhangers aan deel namen.

In de kosmologie van het Oude Egypte symboliseert Isis de kracht die verantwoordelijk is voor de creatie van alle levende wezens. Daarom noemden de Oude Egyptenaren haar *Isis met de 10.000 namen/attributen.* De "vele namen" van Isis werden in Griekenland en Italië en verder overgenomen. De Grieken en Romeinen identificeerden haar dus regelmatig als Selene, Demeter, Ceres en enkele andere namen. Tevens werd ze beschouwd als Moeder Aarde en daarom was ze de moeder van alle vruchtbaarheid, het planten, de gewassen, oogsten en overvloed. Sommige van haar attributen zorgden ervoor dat ze werd geïdentificeerd als Aphrodite, Juno, Nemesis, Fortuna of Panthea.

De Oud-Egyptische religieuze praktijken rond Isis en Osiris hadden in Italië veel vooruitgang geboekt. In Campanië werd in een tempel van de Oud-Egyptische Sarapis (Sar-Apis), in Pozzuoli een inscriptie uit 105 (vóór onze jaartelling) gevonden, waarmee wordt bewezen dat de tempel al voor die datum bestond. In ongeveer 80 (voor onze jaartelling) (in het tijdperk van Sulla) werd in Rome een College van Dieners van Isis, of Pastophori, opgericht en werd er een tempel in de stad gebouwd. In 44 (vóór onze jaartelling), werd in Rome een tempel gebouwd om Isis en Osiris te eren en enkele decennia later werden de feestelijkheden van deze Egyptische goden in de openbare kalender opgenomen.

Het belangrijkste festival in Italië kwam exact overeen met het festival in het Oude Egypte dat de moord op Osiris en het ontdekken van zijn lichaam door Isis herdacht. En net als in het Oude Egypte begon het festival in november met het zingen van treurzangen en hartbrekende klaagliederen over de dood van Osiris, die ongetwijfeld waren gebaseerd op composities die rond dezelfde tijd in Egypte werden gezongen. Daarna, op de tweede dag, werden scènes uitgevoerd die uitzinnig verdriet en ongerustheid uitbeeldden van hen die op zoek gingen naar het lichaam van Osiris. Op de derde dag vond Isis het lichaam van haar man en werd er enorm gefeest in de tempel. Verdriet maakte plaats voor blijheid en de tranen voor gelach, allerlei soorten musici kwamen bijeen en speelde op hun instrumenten en mannen en vrouwen dansten en iedereen vierde feest.

De religieuze praktijken uit het Oude Egypte, zoals gerelateerd aan het modelverhaal van Isis en Osiris, verspreidden zich over Zuid-Europa en in veel regio's in Noord-Afrika en bleven een belangrijke invloed uitoefenen in deze regio's tot het einde van de 4de eeuw (van onze jaartelling). De ideeën en het geloof uit het Oude Egypte leefden voort in het christendom, waarbij Maria de Maagd de attributen van Isis de Eeuwige Moeder overnam en het Kind Jezus die van Horus.

[Meer over de getuigenissen van schrijvers uit de Oudheid met betrekking tot de verspreiding van koloniën en invloed in de hele wereld van het Oude Egypte, in *Ancient Egyptian Culture Revealed* en/of *Egyptian Romany: The Essence of Hispania*, beide door Moustafa Gadalla.]

7.2 HET KOSMISCHE BELANG VAN DE EGYPTISCHE FESTIVALS

Zoals eerder aangegeven in dit hoofdstuk, waren alle belangrijke feestelijkheden in het Middellandse Zeegebied kopieën van de ceremonies uit het Oude Egypte en werden in de meeste gevallen de vereiste rituelen alleen door de Egyptische geestelijkheid uitgevoerd.

Tijdens de talrijke religieuze feestelijkheden uit het Oude Egypte vallen de deelnemers terug op de archetypische waarheid van hun kosmische bewustzijn—Zo boven, zo beneden en zo beneden, zo boven. Elke heilige feestelijkheid actualiseert de archetypische heilige cirkel.

Die heilige cirkels zijn onderdeel geworden van de kalender. Om preciezer te zijn, gaf de kalender aan wanneer de kosmische krachten (neteru/goden) werden gemanifesteerd en tevens hun cyclussen van vernieuwing. Alle vroege Griekse en Romeinse schrijvers bevestigden deze Oud-Egyptische traditie zoals Plutarchus in zijn *Moralia Vol. V* (377, 65):

"..Zij [de Egyptenaren] associëren theologische concepten met de veranderingen van het seizoen in de omliggende atmosfeer, of met de groei van de gewassen en tijd van het zaaien en ploegen".

Wij zullen zien dat dezelfde Egyptische principes in andere landen werden nagevolgd, zoals blijkt uit onderstaande.

7.3 DE MOERASKONINGIN

Een van de meest gevierde feestelijkheden in het Oude Egypte was het einde van de periode van 50 dagen, toen Isis zich met haar zoontje, een baby, in de moerassen verstopte. Zij en haar zoontje verborgen zich om haar zoon te beschermen tegen de boosaardige tiran Set, die hem wilde vermoorden. Daarom wordt ze de Moeraskoningin genoemd. Een dergelijk feest werd uitgebreid beschreven in Herodotus 2, 59-70.

Die prachtige Oud-Egyptische feestelijkheid in de Nijldelta heeft een perfecte kopie in de Guadalquivir-delta in Spanje, die wordt georganiseerd door de afstammelingen van Egyptenaren, die de "Gitanos" worden genoemd.

Het feest, dat door sommigen wordt beschreven als "het meest heidense", is zonder twijfel de pelgrimstocht naar de rand van het grote moeras van de Guadalqivir-delta voor het pinksterfeest waarbij Isis wordt gevierd in haar namen als:

De Witte Duif, Moeraskoningin, De Maagd van de Dauw, et cetera.

Net als in het huidige Egypte wordt het feest van de Apostelen (Profeten) in Egypte 50 dagen na de paaszaterdag gehouden. Dit feest komt oorspronkelijk uit het Oude Egypte. Pinksteren duidt op de periode van de Khamaseen (dat de Vijftig betekent), wanneer de zuidelijke hete en roodachtige zandstormen en wind gewoonlijk plaatsvinden. Deze jaarlijkse gebeurtenis vindt plaats op de dag na Goede Vrijdag, paaszaterdag en stopt op Pinksteren—een interval van 50 dagen.

Deze pinkstergebeurtenis is gerelateerd aan de Oud-Egyptische allegorie van Isis en Osiris, die vertelt dat, nadat Osiris was vermoord, Set heerser over Egypte werd en hij op zoek ging naar het zoontje (een baby) Horus om hem te doden. De boosaardige Set stelde een onderdrukkend regime in totdat hij 50 "dagen" later werd onttroond. Set symboliseert de kleur rood en het onderdrukkende weer, dat droog, onstuimig en dor is. Met andere woorden, Set symboliseert de rode, hete stofwolk—Khamaseen. Het festival viert het einde van het drukkende weer. De hemel is niet meer rood en vol stof. De hemel is helder—wit. Tijdens de drukkende 50 dagen verborg Isis zich met haar zoontje in het moeras. Daarom wordt ze de *Moeraskoningin* genoemd.

7.4 ONZE-LIEVE-VROUWE VAN SMARTEN—[RIVIEREN DOEN OVERSTROMEN]

De Egyptenaren associëren het begin van het jaarlijkse seizoen van overstromingen met Isis die begon te huilen nadat haar zielsverwant Osiris 40 dagen na zijn overlijden ten hemel steeg. Egyptenaren associeerden de eerste traan van Isis met het begin van het stijgen van de Nijl. Isis bleef huilen en wenste dat de levenloze Osiris weer tot leven kwam. De Huilende Weduwe werd voor de Egyptenaren de *Onze-Lieve-Vrouwe van Smarten*.

Dit religieuze feest werd/wordt geassocieerd met de cyclus van vernieuwing—de watercyclus, waar Isis symbolisch Osiris (die symbool staat voor het element water) opnieuw creëert als "hij" verdampt en—bij wijze van spreken "naar de hemel stijgt".

Als er geen water is, verlangt Isis, "moeder aarde" ernaar. Geschriften uit het Oude Egypte verwijzen naar Isis als:

Het vrouwelijke principe van vruchtbaarheid is te zien in het gelijkstellen van de aarde aan Isis. Maar zonder water kan er geen groei plaatsvinden. Zoals we hebben gezien, heeft Isis, het vrouwelijke principe van de intelligentie, de ziel gecreëerd om de conceptie van creatie tot leven te brengen.

Een andere uiting van die gedachte is dat Isis als moeder aarde voor water zal zorgen om de zaadjes in haar baarmoeder te bevruchten—hier is dat moeder aarde. Net als het intellectuele aspect van Isis de ziel creëerde, zien we de rol van Isis als de oorsprong en gever van het leven van Osiris weergegeven in enkele van haar 10.000 namen, want we lezen dat Isis:

De Maakster van de Vloed van de Nijl is.
Wiens echtgenoot heer van de diepte is.
Wiens echtgenoot de inundatie van de Nijl is.
Die de Nijl doet opzwellen en overstromen.
Die de Nijl doet opzwellen in zijn seizoen.

Als er geen water is, verlangt moeder aarde ernaar. Het vrouwelijke principe van Isis is daarom de oorsprong van het water en als het water verdwijnt, creëert Isis het opnieuw.

De avond van de 11de van de Oud-Egyptische maand Ba-oo-neh (18 juni) wordt "Leylet en-Nuqtah" (of de Nacht van de Traan) genoemd, omdat het de eerste regendruppel viert die in de Nijl valt voor de start van het jaarlijkse seizoen van overstromingen. Astrologen berekenen het precieze moment waarop de "druppel" moet vallen, iets dat altijd gebeurt op de avond van 18 juni). Dit festival uit het Oude Egypte staat in het noorden van Caïro bekend als Mouled el-Embabi.

Vooral de Egyptische boeren langs de hele Nijlvallei waren erg blij met dit oude feest. Diodoros van Sicilië vertelt ons hoe grondbewerkers zich te buiten gingen aan allerlei vormen van recreatie en hun dankbaarheid aan God toonden voor de voordelen van de overstroming. Volgens Heliodorus was het een van de belangrijkste feesten van de Egyptenaren. Libanius verzekert ons dat deze riten door de Egyptenaren in het hele land als zo belangrijk werden beschouwd, dat, tenzij ze werden uitgevoerd in het juiste seizoen en op de juiste wijze door bevoegde personen, ze geloofden dat de Nijl zou weigeren te stijgen en het land te overstromen.

De Nijl begon te stijgen rond, of net na, de periode van de zomerse zonnewende. Twee weken na de eerste traan, d.w.z. vanaf of rond de 27ste van de maand Ba-oo-neh (3 juli) werden de toenemende stijgingen van het waterpeil van de Nijl dagelijks omgeroepen in de straten van de stad, zoals vermeld door Plutarchus en dit bleef zo onder de Baladi-Egyptenaren tot de bouw van de Aswan High-Dam in de jaren zestig.

Een van de meest fascinerende aspecten van het Egyptische modelverhaal van Isis en Osiris is hoe deze twee symbolen zijn gerelateerd aan het seizoen van overstromingen in Egypte. De Egyptenaren brachten het begin van de vloed in verband met Isis nadat haar echtgenoot/zielsverwant Osiris 40 dagen na zijn overlijden ten hemel steeg en zij begon te huilen, haar dode echtgenoot smekend om weer op te staan. De Egyptenaren associeerden de eerste traan met het begin van het stijgen van de Nijl. Isis bleef huilen en wenste dat haar man weer opstond.

Het mooie hiervan is dat Isis wenst dat haar man weer uit de dood opstaat en dat het water van de Nijl als gevolg hiervan eveneens blijft stijgen. Merk op dat het water van de Nijl door Osiris zelf wordt gesymboliseerd.

Plutarchus beschreef deze relatie in zijn *Moralia Vol. V*, (366, 38A) als volgt:

"..Aangezien de Egyptenaren de Nijl als de effusie van Osiris

Met andere woorden, elk jaar opnieuw creëert Isis Osiris met
haar tranen. Haar tranen zijn bloedrood, de kleur van het vloed-
water, aangezien dit water het resultaat is van het regenseizoen
in Ethiopië, dat het slik van de Ethiopische hooglanden erodeert
en langs de Blauwe Nijl en andere zijrivieren naar Egypte brengt.
De tranen van Isis staan dus symbool voor die roodachtige kleur
van het water tijdens het vloedseizoen. **Isis is eigenlijk een
huilende rivier**. Het christendom heeft dezelfde tradities uit het
Oude Egypte behouden in zijn weergave van de beelden van
Maria met bloedige tranen die uit haar ogen rollen.

7.5 ISIS: TENHEMELOPNEMING

Isis die Moeder Aarde is—wordt overstroomd door het stijgende
water van de rivier de Nijl.

Isis wordt ondergedompeld in haar eigen tranen. Het gevolg is
dat de aarde/het land onder water verdwijnt—d.w.z. de aarde,
Isis, verdwijnt—ze stijgt ten hemel.

15 augustus is een nationale feestdag in veel landen, ze vieren
de tenhemelopneming van de Heilige Maagd Maria. Op precies
dezelfde dag—15 augustus, vierden de Egyptenaren sinds
onheuglijke tijden een soortgelijk feest voor Isis—de Heilige
Maagd van het Oude Egypte—met als naam de *Bruid van de Nijl*.

In de context van het Oude Egypte is de Bruid van de Nijl
Isis—De Heilige Maagd en is de rivier de Nijl haar zielsverwant—Osiris. Op 15 augustus viert het Oud-Egyptische feest het
einde van de periode van 50 dagen aan regen in Ethiopië die de
oorzaak is van het jaarlijkse overstromen van de Nijl.

In deze populaire Egyptische allegorie stopte Isis ongeveer midden augustus met huilen over haar zielsverwant Osiris en dat betekent dat Isis alle tranen huilde die ze had. Het is op dat moment dat de Egyptenaren (zowel de Oude als de huidige) een feestelijkheid houden ter ere van de laatste traan van Isis, waarmee de piek van het waterpeil wordt bereikt. Het is tijdens deze viering dat de Egyptenaren een beeltenis van Isis in het water gooien om te herdenken hoe Isis in haar eigen tranen verdronk—de rivier de Nijl zelf.

Aan de andere kant van het Middellandse Zeegebied wordt elk jaar op de avond van 15 augustus een heilig muzikaal drama gezongen in de kathedraal van Elx (Spanje)—een "mysterie" over het verdwijnen en de Tenhemelopneming van de Heilige Maagd Maria, met dezelfde woorden en muziek en dezelfde toneelattributen die minstens al sinds de 15de eeuw worden gebruikt.

Die plechtige processie wordt op 15 augustus gehouden. Het is voor iedereen duidelijk dat noch de processie, noch het toneelstuk over het mysterie, puur christelijke feestelijkheden zijn en dat hun wortels in de voorchristelijke tijd liggen.

De "historische" traditie rond het festival van Elx is erg interessant. Men beweert dat in mei 1266 of (zoals anderen beweren) in december 1370 een "ark" op de Spaanse kust aanspoelde. Er stond de tekst "voor Elx" op en bevatte een afbeelding van de Heilige Maria en ook de woorden, muziek en ceremonie van een liturgisch drama. [Lees voor meer informatie hierover en over aanverwante onderwerpen: *Egyptian Romany: Essence of Hispania* door Moustafa Gadalla.]

7.6 HAAR "VERJAARDAG" VIEREN

Normaal begint het water van de Nijl zich terug te trekken—en komt het land weer bloot te liggen. De aarde is weer zichtbaar—een *wedergeboorte* voor de aarde—voor Moeder Aarde—Isis.

In feite gaat Isis NOOIT dood. Ze verschijnt weer als al het omliggende water zich terugtrekt.

De Oude Egyptenaren vierden die dag als de *"verjaardag"* van Isis—drie dagen vóór het begin van het Nieuwe jaar in het Oude Egypte. Tegenwoordig valt de verjaardag van Isis op de Latijnse kalender op 8 september. De *verjaardag* van Isis is een van de verjaardagen van de vijf goden waarvan de verjaardag wordt gevierd vóór het begin van het Egyptische Nieuwjaar.

De kerk viert de geboorte van de Maagd Maria op dezelfde dag als die van Isis. Het is een nationale feestdag in de landen rond het Middellandse Zeegebied en in Midden- en Zuid-Amerika.

7.7 ONZE (HEILIGE) MOEDER VAN DE ZEE VIEREN

Zoals eerder aangetoond, is Hathor/Astarte een van de manifestaties van Isis—en staat ze net als andere Egyptische goden ook bekend als Asera/Serah/Sara, wat **nobele dame** betekent.

Om niet te hoeven twijfelen aan haar Egyptische oorsprong wordt Sara altijd in haar Egyptische vorm afgebeeld, met een maansikkel-en-schijf op haar hoofdtooi. Hathor symboliseert de matrix van het metafysische spirituele principe en zorgt voor spirituele verzorging, genezing, plezier, het bedrijven van de liefde, muziek en vrolijkheid.

Hathor, als symbool voor spirituele voeding, speelt ook een belangrijke rol in de transformationele (uitvaart)geschriften, ze geeft de spirituele voeding/begeleiding die nodig is voor de ziel van de overledene terwijl die door de kosmische zee reist. Het gevolg is dat Hathor/Sara de Egyptische patrones is voor het reizen en varen, waardoor ze in deze rol vaker buiten de grenzen van Egypte verschijnt.

Een Egyptische doodskist [doodskisttekstnr. 61] uit het Middenrijk (2040-1783 v. Chr.) beschrijft haar als Hathor,

Het hoofd van Hathor wordt daarom altijd recht boven het
achterschip van schepen afgebeeld, waar de dubbele roeren, die
de stuurmannen gebruikten om het vaartuig te sturen, waren
aangebracht.

In haar rol als een beschermvrouwe van reizigers wordt Hathor
Astarte genoemd. Haar tempels stonden in grenssteden—want
ze was de beschermvrouwe van reizigers. Haar tempel in Cádiz
in Spanje was een van de belangrijkste monumenten in deze
heilige stad. De rol van Astarte in het Oude Egypte is goed gedoc-
umenteerd. Uit kleine fragmenten uit de tijd van Ramses II
(1304-1237 v. Chr.) wordt de rol van Astarte als patrones voor
reizen in het buitenland erg duidelijk. In één fragment wordt
de rol van Astarte als zeevarende patrones onweerlegbaar
aangegeven:

"..Ziedaar, Astarte woonde in de regio van de zee...".

Om alle twijfels over haar Egyptische oorsprong weg te nemen,
wordt Astarte altijd afgebeeld in haar Egyptische vorm met een
maansikkel-en-schijf op haar hoofdtooi.

In een ander fragment spreekt Renenutet tot Astarte:

*"Ziedaar, als gij hem tribuut brengt, zal hij gracieus zijn tegen
u... Daarom moet gij hem dit tribuut in goud, zilver, lapis
lazuli, en... hout geven.
En zij zei tegen de Enneade van goden:
...het tribuut van de zee; moge hij naar ons luisteren...".*

Tijdens (en volgend op) turbulente tijden van de Herovering,
vluchten veel mensen uit het Iberische Schiereiland richting
Noord-Afrika, Egypte en Frankrijk. Het meest prominente feest
in Zuid-Frankrijk wordt gehouden door de (Egyptische) Romani

aan de kust van de Middellandse Zee, aan het einde van de lente. De eindbestemming van de pelgrims is de Kerk van de **Notre Dame de La Mer**.

De naam van de kerk is Oud-Egyptisch —Notre (dat onze heilige/godin betekent, Dame (Dame betekent moeder), de La Mer (betekent waterlichaam/zee—net als in het Spaans). Deze pelgrimstocht door de Romani is de oudste in Frankrijk.

De "historische" traditie geassocieerd met dit feest van de Romani had een sterke band met Egypte. Volgens de traditie arriveerde een donkergetinte Egyptische maagd met de naam St. Sara in een kleine boot zonder roeiriemen of zeil, vergezeld door twee blanke maagden met de namen Maria Salome en Maria Jacobus. Er wordt verteld dat hun boot in ongeveer 43 n. Chr. in dit deel van de kust van de Middellandse Zee landde nadat hij over de Middellandse Zee had rondgezworven.

De naam van het hoofdpersonage van dit feest is ook veelbetekenend. Haar naam—Sara—is een woord uit het Oude Egypte dat de vrouwelijke vorm van Sar is, een persoon van hoge/nobele status. Sara betekent daarom **Nobele Dame** in de taal van het Oude Egypte. In de tradities van het Oude Egypte is Sint Sara Hathor—Patrones van Reizigers over het Water. Haar naam, Sara, is consistent met haar rol als—**Onze Heilige Moeder van de Zee**, zoals eerder aangegeven.

Soortgelijke tradities over een ark die aanspoelt op de kusten van het Iberische Schiereiland zijn op veel plaatsen te vinden. Dergelijke tradities worden aangetroffen in Elx, Spanje en Santiago de Compostela.

Het is geen toeval dat we het thema van een (vrouwelijke) heilige en haar twee beschermengelen (Maria Salomé en Maria Jacobus) dat we in Zuid-Frankrijk aantreffen ook tegenkomen in Elx en op talrijke andere plaatsen waar deze donkergetinte mensen—de afstammelingen van de Egyptische Farao's—kwamen, leven.

De "Twee Maria's" zijn de Tweelingzussen Isis en Nebet-het—de twee vergezellende beschermengelen—zoals eerder in dit boek beschreven.

HET MACHTIGE HART

8.1 MARIA ISIS: DE PANACEE

In dit hoofdstuk bespreken we de rol van Isis als de panacee en hoe de mensheid haar altijd om hulp verzoekt.

Isis, het vrouwelijke principe, is niet alleen verantwoordelijk voor het verwekken en het tot leven brengen van alle vormen van creatie, maar dat wat Isis als vrouwelijk principe heeft voortgebracht, beschermt, verzorgt ze en voedt ze en ze gebruikt haar krachten gracieus en met succes—voor allen die haar om hulp verzoeken. Als heilige moeder is ze de panacee.

De bevolking van Egypte zag Isis als een patrones wier zorg voor de hele reeks aan menselijke behoeften gold. Voor hen die hulp nodig hadden, was er geen andere heilige figuur die de status van Isis de Heilige Maagd kon evenaren.

Isis als de Koningin van Osiris en Moeder van God (d.w.z. Horus) en haar liefdevolle zorg maakten haar tot de Koningin van de Hemel. In heel Egypte werd geestdriftig naar haar bescherming gezocht en dit gebruik verspreidde zich over de rest van de wereld.

Ze werd de grote en weldadige netert (godin) en moeder, wiens invloed en liefde in alle hemelen, op aarde en in de Andere Wereld doordrong en ze werd de verpersoonlijking van de grote vrouwelijke kracht van creatie die alle levende wezens en dingen voortbracht—van de goden in de hemel tot de mensen op aarde en de insecten op de grond.

Ze was de personificatie van het bewerkte land, de weldadige geest van de velden en de netert van de oogst. Wat zij voortbracht, beschermde, verzorgde en voedde ze en ze stelde haar leven in dienst van het succesvol gracieus gebruik van haar krachten—niet alleen bij het creëren van nieuwe dingen, maar ook in het weer tot leven brengen van zij die dood waren. Doorheen het hele *boek Het voortkomen (of gaan) bij dag* [verkeerd geïnterpreteerd als het *Dodenboek*] wordt Isis genoemd als een gever van leven en voedsel voor de doden. Haar talrijke attributen zetten de Oude Egyptenaren ertoe aan haar Isis met de 10.000 Namen/Attributen te noemen.

De bevolking van Egypte zag de Maagd als een patrones wier zorg voor de hele reeks aan menselijke behoeften gold. Ze gaf haar eigen goddelijke gunsten en maakte geen onderscheid in de wijze waarop ze gaf aan allen die vroegen. Voor hen die hulp nodig hadden, was er geen andere heilige figuur die de status van de Heilige Maagd kon evenaren en er was geen ander heilig symbool die hen zo geruststelde en zich leende tot hun fantasieën. Ze was de garantie van de ziel van de mensheid, vanwege het niet accepteren van zijn lichaam.

Diodoros van Sicilië beschrijft in *Boek I*, [25, 2-6] dezelfde kwaliteiten van de (Egyptische) maagd—Isis:

> *"Wat betreft Isis, de Egyptenaren zeggen dat ze de ontdekster was van veel genezende medicijnen en veel kennis van de geneeskunde had; het gevolg is dat, nu ze de onsterfelijkheid heeft bereikt, ze haar grootste voldoening vindt in het genezen van de mensheid en ze hulp geeft aan hen die haar in hun slaap Roepen, waarbij ze duidelijk haar aanwezigheid en liefdadigheid laat zien aan mensen die haar om hulp vragen. Het bewijs hiervan is dat ze, zoals ze zeggen, geen legendes voort-*

brengt, zoals de Grieken doen, maar feiten manifesteert; want in feite is de hele bewoonde wereld getuige, waarbij die geestdriftig bijdraagt aan het eren van Isis omdat ze zichzelf manifesteert in genezingen.

Staand boven de zieken in hun slaap geeft ze hen hulp tegen al hun ziektes en creëert ze wonderbaarlijke genezingen zoals henzelf toewijden aan haar en de velen die door hun artsen wanhopig werden afgeschreven vanwege de moeilijke kwaal die ze hadden, zijn goed genezen door haar terwijl velen die blind zijn geworden of waarvan een ander deel van het lichaam niet meer functioneert, wanneer ze om hulp vragen aan deze godin ze weer de gezondheid van weleer krijgen. Bovendien ontdekte ze ook het medicijn dat onsterfelijk maakt, waarmee ze niet alleen haar zoon Horus uit de dood liet opstaan"...

Isis werd als een grote magiër gezien, en de papyrusrollen uit het Oude Egypte bevatten enkele zinspelingen op haar magische krachten. Uit een aantal passages in de geschriften uit verschillende tijdperken leren we dat Isis erg bedreven was in magie en enkele voorbeelden van de manier waarop ze die gebruikte, zijn alom bekend; ze wist hoe ze spreuken moest maken en hoe ze magische poppen moest kleden en ze had kennis van alle geheime verborgen namen van alle goddelijke krachten en van alle geesten, zowel de goede als de slechte en ze gebruikte hen op dusdanige wijze dat ieder van hen haar wil moest volgen. Op haar bevel stopten of veranderden de krachten van de natuur hun werking en ze kon alles, zowel levende als levenloze dingen haar wil opleggen.

Isis was heel vaardig in het gebruik van woorden van macht en staat bekend als

de Meesteres van de spreuken.
De Vrouwe van de Woorden van Macht.

Een van de krachtigste amuletten die de Egyptenaren kenden was het object thet, dat de invloed van haar bloed en magische krachten en woorden van macht in zich droeg. Het is waarschijnlijk een gewoon symbool van de uterus (baarmoeder) met ligaturen en de vagina. Een analogie suggereert dat het amulet, het machtigste symbool van Isis, een bepaald orgaan van haar lichaam symboliseert. Isis symboliseert het principe van permanentie. Ze was voor iedereen aantrekkelijk als het type en symbool van al wat groots was en weerspiegelde het beste in het karakter van een vrouw: de onbaatzuchtige, ware, zorgende, liefhebbende en eeuwige Wereldmoeder.

8.2 HOMMAGE AAN DE KONINGIN

De aanbidders van Isis beperken zich niet tot Egypte, maar zijn overal te vinden. In de *Gouden Ezel van Apuleius uit Madaurus* bidt Lucius tot Isis met de volgende woorden:

> *"Koningin van de Hemel,—de lieve moeder vanwaaruit in het begin de vruchten van de aarde ontstonden, die, verheugd uw dochter te hebben gevonden, van mensen hun armoedige voedsel van eikels uit de oude wereld wegnam, en hen zoeter voedsel toonde, en nu hebt u de aarde van Eleusis erg vruchtbaar gemaakt; of bent u Venus, de hemelse, die in het begin der dingen de diversiteit van de geslachten verenigde in de kracht van Liefde die uit u voortkomt, en nadat u het mensenras had laten geboren worden dat generatie na generatie zal voortduren; of met een zachte genezing verlichting brengt bij vrouwen die de barensweeën lijden en zoveel hebt opgevoed, gij met uw zacht vrouwelijk licht verlicht de muren van alle steden en met uw vochtige vuren voedt u de opkomende zaadjes en verspreidt u stralen die veranderen en wijzigen met de veranderingen van de zon—met welke naam, met welk ritueel, in welke verschijning kan de mens u oproepen".*

Isis gaf het volgende antwoord op dit gebed:

*"Ik ben gekomen ik, moeder natuur, meesteres van alle ele-
menten, het eerste verwekte nageslacht van alle eeuwen, van
machtige goden, koningin van de doden, de eerste van de
bewoners van de hemel, in wiens aspect de aspecten van alle
goddelijke energieën zijn vermengd. Met mijn staf heers ik over
de schijnende hoogten van de hemel, de bries van de zee die
welzijn brengt, de trieste stilte van de Onderwereld. De hele
aarde aanbidt mijn goddelijkheid, één en individueel, onder
veel veranderende vormen, met gevarieerde rituelen, en onder
talrijke verschillende namen".*

Hommage aan Isis de Koningin van Hemel en Aarde

De goddelijke, met de 10.000 attributen:

Isis:

De Koningin van alle heilige krachten.
De vrouwe van het begin van de tijd.
De maker van de zonsopgang.
De vrouwe van de hemel.
De Lichtgever in de hemel met Ra.
De Koningin van de aarde.
De Vrouwe van de solide aarde.
De Felle vlam.
De moeder van de god.
De Gever van leven.
De vrouwe van het leven.
De Vrouwe van de vreugde en geluk.
De vrouwe van de Liefde.
De Wever en volder.
Die Wiens zoon de heer van de aarde is.
Bemind in alle landen.

In Egypte, het thuisland van Isis, heeft de zwijgende meerderheid de oude tradities nooit veranderd en haar attributen of namen zijn nooit vergeten want zij is:

> *7 Banat—deze zeven maagden, namelijk Hathors—Venus.*
> *Setna Aisha—de vrouwe van brood—de gever van leven.*
> *Setna Fattma—de vrouwe die haar kind speende.*
> *Setna Sekina—De vrouwe van kalmte.*
> *Setna Mariam—de beminde moeder (Mari-Om).*
> *Setna Zeneib—het hoogste huis (zenith-b).*
> *Setna Ttahra—de maagd—de zuivere.*
> *Setna Nafisa—de geliefde—de gever van ademtocht, leven geven.*
> *Set el Kol—de vrouwe van al—de vrouwe van het universum.*

Bemind in alle landen.

1

APPENDIX 1: EGYPTISCHE KOSMOLOGIE EN ALLEGORIEËN

De Egyptische beschaving was in zijn geheel gebouwd op een volledig begrip en precieze kennis van de universele wetten. Dit diepzinnige begrip manifesteerde zich in een consistent, coherent en verbonden systeem waar kunst, wetenschap, filosofie en religie met elkaar waren verstrengeld en tegelijkertijd werden gebruikt in één enkele organische Eenheid.

De Egyptische kosmologie is gebaseerd op coherente wetenschappelijke en filosofische principes. De kosmologische kennis van het Oude Egypte werd in de vorm van een verhaal weergegeven, wat een superieure manier voor het uitdrukken van fysieke en metafysieke concepten is. Elke goede schrijver of docent weet dat verhalen beter geschikt zijn voor het uitleggen van het gedrag van dingen dan uiteenzettingen, omdat de relaties tussen onderdelen, en het geheel, beter door de hersenen worden opgenomen. Informatie alleen is nutteloos, tenzij ze wordt omgevormd tot begrip.

De Egyptische sagen transformeerden gewone feitelijke zelfstandige naam- en bijvoeglijke naamwoorden (indicatoren van kwaliteit) in heldere maar conceptuele zelfstandige naamwoorden. Die werden bovendien ook nog eens verpersoonlijkt zodat ze tot coherente en betekenisvolle verhalen konden worden gevormd. Personificatie is gebaseerd op het feit dat de mens gemaakt was naar het beeld van God en daarom symboliseert de mens de gecreëerde creatie van alle creatie.

Allegorieën zijn een doelbewust gekozen manier om kennis over te brengen. Allegorieën dramatiseren kosmische wetten, principes, processen, relaties en functies en drukken ze uit op een manier die makkelijk te begrijpen valt. Zodra de interne betekenissen van de allegorieën zijn onthuld, worden ze wonderen van zowel wetenschappelijke als filosofische volledigheid en compactheid. Hoe meer ze worden bestudeerd, hoe rijker ze worden. De "interne dimensie" van de leer die in elk verhaal is geïntegreerd, stelt hen in staat om enkele lagen van kennis te onthullen en dit naargelang de ontwikkelingsfase van de luisteraar. De "geheimen" worden onthuld naarmate de toehoorder verder en hoger ontwikkelt. Hoe hoger we komen, hoe meer we zien. Het is er altijd.

De Egyptenaren (Oude en de huidige Baladi) geloofden/geloven niet in hun allegorieën als historische feiten. Ze geloofden IN hen, op een wijze die hen liet geloven in de waarheid achter de verhalen.

Eerder hebben we drie verschillende onderwerpen besproken die in de vorm van het verhaal door middel van vier gepersonifieerde concepten worden uitgelegd: Isis, Osiris, Horus, en Set:

> 1 – De principes van de zon en de maan zoals gesymboliseerd door Isis en Osiris.
>
> 2 – Numerologie en trigonometrie zoals beschreven in de relatie tussen de vader [Osiris], moeder [Isis] en zoon [Horus] zijn analoog met de rechthoekige driehoek 3:4:5.
>
> 3 – De vier elementen van de wereld (water [Osiris], vuur [Set], aarde [Isis] en lucht [Horus]), zoals vermeld door Plutarchus in zijn *Moralia Vol. V.*

De goed in elkaar gezette Egyptische toneelstukken over mysteries zijn een doelbewust gekozen manier om kennis over te brengen. Betekenis en mystieke ervaring zijn niet verbonden met een letterlijke interpretatie van gebeurtenissen. Zodra de interne betekenissen van de verhalen zijn onthuld, worden ze wonderen van zowel wetenschappelijke als filosofische volledigheid en compactheid. Hoe meer ze worden bestudeerd, hoe rijker ze worden. En geworteld in het verhaal zoals het is, kan het onderdeel nooit voor het geheel worden aangezien, noch kan het functionele belang ervan worden vergeten of vervormd.

APPENDIX 2: DE UNIVERSELE EGYPTISCHE ALLEGORIE—ISIS EN OSIRIS

De Egyptische allegorie van Isis en Osiris legt in feite alle facetten van het leven uit.

Het volgende is een verkorte versie van de Egyptische allegorie over Isis en Osiris, met nadruk op de rol van Isis als het goddelijke vrouwelijke principe, manifestaties en toepassingen. Het verhaal wordt in stukken verteld, elk stuk gevolgd door een korte metafysische evaluatie.

Dit verhaal werd samengesteld uit teksten van Oud-Egyptische tempels, tombes en papyrussen die 3.000 jaar ouder zijn dan het christendom en gaat als volgt:

De zelfgecreëerde Atoem gaf leven aan de tweeling Sjoe en Tefnoet die op hun beurt het leven gaven aan Noet (de hemel/geest) en Geb (de aarde/materie).

De vereniging tussen Noet (geest) en Geb (materie) creëerde vier nakomelingen: Osiris, Isis, Set en Nebet-het.

>> **Net als de bijbelse Jezus, symboliseert Osiris het goddelijke in een sterfelijke vorm—waarbij zowel de geest (Noet) als materie (Geb) worden gecombineerd.**

Volgens de Egyptische allegorie trouwde Osiris met Isis en Set met Nebet-het. Osiris werd Koning van het land (Egypte) nadat hij met Isis was getrouwd.

>> Het verhaal legt de basis voor de matrilineaire/matriarchale maatschappij. Isis is de juridische erfgename.

Osiris bracht beschaving en spiritualiteit naar de mensen en stelde hen in staat welvaart te bereiken. Hij gaf hen een set wetten om hun gedraging te reguleren, schikte hun geschillen rechtvaardig en gaf hen les in de wetenschap van spirituele ontwikkeling.

Nadat hij de beschaving naar Egypte had gebracht, reisde hij de wereld rond om dezelfde lessen te verspreiden. Waar Osiris ook ging, bracht hij vrede en kennis naar de mensen.

>> Osiris symboliseert de universele ziel, altijd in beweging. Hij reist terwijl Isis, het vrouwelijke principe, het symbool is van stabiliteit. Hij verspreidt de gedachten van Isis over de hele wereld.

>> Er zijn sterke overeenkomsten tussen de twee evangelisten (Osiris en Jezus).

> **– De goddelijke zoon daalt neer uit de hemel.**
> **– God daalde neer naar de aarde om de wereld te begeleiden.**
> **– Beiden hadden gereisd om het woord te verkondigen.**

Toen Osiris terugkeerde van zijn missie werd hij verwelkomd met een groot feest. Osiris werd door Set—de boosaardige—en zijn handlangers beetgenomen om te gaan liggen in een tijdelijke doodskist. De boosaardige groep sloot en verzegelde de kist snel en wierp ze in de Nijl. Set werd de nieuwe farao—terwijl de kist met daarin het levenloze lichaam van Osiris richting de Middellandse Zee dreef.

>> Zowel Jezus als Osiris werden door hun tafelgenoten bij hun privébanketten verraden (Jezus door Judas, Osiris door Set).

Toen ze hoorde over het lot van Osiris en zijn verdwijning, ging Isis in de rouw en zweerde ze niet te rusten totdat ze haar geliefde Osiris weervond—want haar hart kon niet leven zonder haar zielsverwant. De kracht van liefde en toewijding bracht haar tot handelen. Niets zou haar in de weg staan. Ze zou alles doen wat nodig was, omdat ze zich moest herenigen met haar ziel—namelijk Osiris.

Isis zocht overal, klampte zich aan iedereen vast die ze ontmoette, inclusief kinderen.

>> 1. Dit weerspiegelt totale toewijding en verplichting tot het vinden en volgen van de spirituele weg die haar zal herenigen met Osiris die in de Egyptische geschriften wordt beschreven als *"de Manifestatie van de Waarheid"*.

>> 2. Isis was niet passief, maar erg actief in het overal zoeken, klampte iedereen aan die ze ontmoette, inclusief kinderen. Kinderen symboliseren de kracht van profetie, een modus van het verkrijgen van kennis die niet is waar te nemen met onze beperkte menselijke zintuigen.

Het verhaal vertelt verder dat de doodskist van Osiris door de golven naar de kustlijn van een vreemd land werd gedreven. Een boom begon te groeien, groeide erom heen en nam het lichaam van Osiris op in zijn boomstam. De boom werd groot, mooi en welriekend.

De koning van dit vreemde land kreeg te horen over deze prachtige boom en gaf het bevel dat hij moest worden omgehakt en dat de stam naar hem moest worden gebracht. Hij gebruikte de stam als pilaar in zijn huis zonder dat hij van het grote geheim dat erin zat, afwist.

>> **Dit is een verwijzing naar de Boom van het Leven en alles wat dat impliceert. Het is tevens een verwijzing naar de Djed-pilaar van Osiris.**

In het Christendom werd dit de kerstboom.

In haar dromen werd aan Isis geopenbaard dat het lichaam van Osiris in dit vreemde land was. Onmiddellijk reisde ze erheen.

Toen ze aankwam, was ze gekleed als een gewone burger, raakte ze bevriend met de dienaressen en kreeg ze een baan in het paleis als verzorgster van het baby'tje de prins, zodat ze dichtbij de houten pilaar met daarin het lichaam van haar geliefde Osiris kon zijn.

>> **Dit is opmerkelijk, want hier is Isis... de Koningin van Egypte... die zonder uitzondering ANDEREN dient—om zich te kunnen herenigen met haar geliefde—Osiris.**

Later biechtte Isis haar identiteit en het doel van haar missie op aan de koning. Isis vroeg de koning haar de pilaar te geven. De koning willigde dit verzoek in en zij sneed diep in de boomstam en haalde de kist eruit.

Isis keerde met de kist en daarin het levenloze lichaam van Osiris terug naar Egypte. Ze verborg het lichaam in het moeras van de Nijldelta.

Elke vrouw die echt van haar man houdt, wordt gezien als Isis en heeft de macht om hem te doen ontwaken in een groter leven, zoals Horus. Pater S. J. Vann vergeleek het ontwaken van Christus door Maria Magdalena, toen hij uit zijn tombe kwam, met het doen ontwaken van Osiris uit de dood door Isis.

De vergelijking van de twee situaties wordt beschreven in de "Klaagzang van Isis over de dood van Osiris" waarin Isis en haar zuster Nebet-het weenden om de dood van Osiris en hem

smeekten weer tot leven te komen. De tekst voor dit duet komt
voort uit een veel oudere klaagzang.

"Klaagzang voor Osiris" werd door Andrew Lang beschreven als
"de macht te hebben onze diepste emoties te beroeren":

> Zing wij Osiris dood,
> ween het gevallen hoofd:
> Het licht heeft de wereld verlaten, de wereld is grijs.
> Tegen de sterrenhemel
> Het donkere web vliegt,
> En Isis weent Osiris overleed.
> Jouw tranen, jouw sterren, jouw vuren, jouw rivieren
> gehuild,
> Ween, kinderen van de Nijl, ween want uw heer is dood!
> Zachtjes lopen we, onze langzame voetstappen vallen
> Binnen het heilige zevenvoud;
> Zacht op de doden die leefden, roepen we:
> 'Kom terug, Osiris, uit het Koninkrijk van het Koude!
> Keer terug naar hen die u al heel lang aanbidden.'
> Binnen het goddelijke hof
> De zevenvoudige heilige tempel
> Wij passeren, terwijl echo's op de tempelmuren
> de lange klaagzang herhalen
> Het geluid van smart reikt
> ver omhoog in de onverslijtbare hallen,
> Waar, ieder in elkaars armen, de zusters wenen
> Isis en Nebet-het over zijn eeuwig slaap.
>
> Zachtjes lopen we, onze langzame voetstappen vallen
> binnen het heilige zevenvoud;
> Zacht op de doden die leefden roepen we:
> 'Kom terug, Osiris, uit het Koninkrijk van het Koude!
> Keer terug naar hen die u al heel lang aanbidden.'
> O inwoner in het westen, Geliefde en de hoogste,
> Uw liefde, uw zuster Isis, roept u om terug te keren!

Kom van uw kamer grijsbruin,
U meester van de zon,
Uw schaduwrijke kamer ver onder de zee!
Met vermoeide vleugels en leeg
Door heel het firmament,
Door alle door horror-geplaagde wegen van de hel,
zoek ik dichtbij en ver,
van ster tot dwalende ster,
Vrij met de doden die in Amenti verblijven.
Ik zoek de hoogte, de diepte, de landen, de hemelen,
sta op van de doden en leef, onze heer Osiris, Sta op!

Isis wilde dat haar echtgenoot verder leefde. Het feit dat Osiris overleden was, zou haar nooit kunnen tegenhouden, want waar een wil is, is een weg. Daarom wilde ze hoe dan ook een zoon van hem krijgen.

Ze gebruikte haar magische krachten om zichzelf in een duif te veranderen. Ze trok de geest van Osiris uit zijn lichaam en verwekte een kind—Horus.

Met andere woorden, Isis werd zwanger door de heilige geest van Osiris.

>> 1. Deze handeling symboliseert de reïncarnatie en spirituele wedergeboorte—belangrijk voor het begrijpen van het Egyptische geloof in leven na de dood.

In haar meest specifieke rol is Isis de baarmoeder waaruit het nieuwe Osirische leven ontstaat na de dood.

>> 2. De verwekking door Isis van Horus zonder een levende man is de oudste vastgelegde versie van onbevlekte ontvangenis. De rol van Isis in het Egyptische modelverhaal en het verhaal van de Heilige Maria tonen opvallende gelijkenissen, want beiden waren in staat te verwekken zonder hulp van een man. Daarom werd Isis aanbeden als de Heilige Moeder.

3. Op puur intellectueel niveau zien we hier dat het vrouwelijk principe (Isis) de geest van de man Osiris creëerde zodat ze door hem zwanger kon worden gemaakt. Het vrouwelijke principe van het intellect genereerde dus het mannelijke principe van de ziel zodat een nageslacht kon worden gecreëerd en het proces van creatie verder kon gaan. Deze Egyptische denkwijze geeft een diepere betekenis aan de Onbevlekte Ontvangenis.

Toen Set over het nieuwe kind Horus hoorde, probeerde hij de baby te vermoorden. Toen ze erachter kwam wat Set van plan was, werd Isis verteld dat ze Horus naar een verborgen plek in het moerasgebied van de Nijldelta moest brengen, waar ze hem veilig verstopte en opvoedde.

Tijdens zijn vroege kinderjaren werd Horus door een schorpioen doodgestoken, maar Isis slaagde erin om haar zoon met een magische formule weer tot leven te brengen.

>> Dit is de bron van het verhaal waarin Herodes, nadat hij erachter kwam dat de bijbelse Jezus was geboren, alles deed om alle baby's van het mannelijke geslacht te doden.

In het Nieuwe Testament zegt de engel van de Heer tegen Jozef: *"Sta op en vlucht met het kind en zijn moeder naar Egypte".*

Op een nacht (terwijl Isis voor de verborgen Horus zorgde), toen het volle maan was, vonden de boosaardige Set en zijn handlangers de kist met daarin het levenloze lichaam van Osiris en sneden ze hem in veertien stukken. Het nummer veertien symboliseert het aantal dagen die nodig zijn om een volle maan te vormen.

Osiris staat symbool voor het principe van de maan in het universum en staat bekend als Osiris de Maan.

>> De maan weerspiegelt de kracht van de zon. Isis, het

vrouwelijke principe, staat symbool voor de zon. Osiris, de man, staat symbool voor de maan.

Toen Isis hoorde hoe Set en zijn handlangers Osiris in verschillende stukken hadden gesneden en hem over het hele land hadden verspreid, nam zij de taak op zich om overal te zoeken en de gebroken stukken weer bij elkaar te brengen.

>> 1. Men onthoudt (in elkaar zetten) en herinnert (verzamelen) om te kunnen genezen en om nooit te vergeten. De handelingen van Isis om te herinneren en te onthouden zijn bedoeld om de delen weer in elkaar te zetten om één met het Goddelijke te worden.

>> 2. Door het verhaal van Isis en Osiris te herinneren en te onthouden, blijft in onze harten een verhaal dat, om de woorden van Joseph Campbell te gebruiken, *"de immanentie van goddelijkheid in de fenomenale vormen van het universum"* uitdrukt.

>> 3. De betekenis van het "Latijnse" woord RELIGIO is om te verbinden of aan elkaar vast te knopen en is de oorsprong van het woord "religie".

Tijdens haar zoektocht naar de gebroken stukken vroeg Isis Anubis, de goddelijke gids, om haar te helpen als gids en beschermer. Ook zocht ze de hulp van Thoth, die haar kennis en wijsheid schonk op haar spirituele weg.

>> 1. Dit toont het belang van spirituele begeleiding tijdens de reis aan. Anbu symboliseert (net als een hond) de (spirituele) verkenner.

2. Kennis en wijsheid, zoals gesymboliseerd door Thoth, zijn nodig tijdens de reis op de spirituele weg.

Met de hulp van anderen verzamelde Isis alle stukken behalve de fallus, die door een vis in de Nijl was ingeslikt. Daarna verenigde ze het ontlede lichaam van Ausar en, met de hulp van anderen, wikkelde ze het in een linnen verband en mummificeerde het.

Thoth, Isis en Horus voerden de Ceremonie van het **Openen van de Mond** uit op de mummie en Osiris werd weer tot leven gewekt als de Rechter en Koning van de Doden (het verleden), terwijl Horus zijn plaats zou innemen als de Koning van de Levenden (het heden).

>> **Dit symboliseert de eeuwigdurende cyclus van de geestelijke kracht op aarde: De Koning is dood (Osiris); Lang leve de Koning (Horus).**

Zodra Horus volwassen werd, daagde hij Set uit voor het recht op de troon in wat de Grote Ruzie/Strijd in de Wildernis zou worden genoemd. Er vond een reeks veldslagen tussen Horus en Set plaats. Dit illustreert dat het leven een continue zoektocht is naar het goddelijke in onszelf, zoals gesymboliseerd wordt door Horus en Set.

De archetypische innerlijke worsteling in het Egyptische model wordt gesymboliseerd door de strijd tussen Horus en Set. Het is de archetypische worsteling tussen tegenstrijdige krachten. In deze context is Horus de goddelijke man, uit de natuur geboren, die strijd moet leveren tegen Set, zijn eigen bloedverwant, die de krachten van de oppositie symboliseert en niet enkel boosaardig in de enge betekenis van het woord is. Set staat voor het concept van oppositie in alle aspecten van het leven (fysiek en metafysisch).

>> **Dit staat in feite voor de innerlijke strijd in ieder van ons—gesymboliseerd door het dualisme van Horus en Set.**

Uiteindelijk gingen Horus en Set naar de raad van de neteru (goden/godinnen) om te bepalen wie er zou heersen. Beiden legden hun zaak voor. De raad van de neteru besloot dat Horus over de bewoonbare/bewoonde gebieden zou heersen en Set over de woestijnen/onbewoonbare gebieden.

>> Dit toont het concept en het gebruik aan van het oplossen van conflicten door middel van juryrechtspraak et cetera.

De allegorie van Isis en Osiris toont ons wat liefde is en hoe WARE LIEFDE ALLES OVERWINT.

3

APPENDIX 3: HART EN ZIEL—METAFYSISCHE BESPIEGELINGEN

We hebben gezien hoe het intellectuele liefhebbende hart van Isis het plan van creatie bedacht en hoe Isis het plan van creatie tot leven bracht door de ziel—als het goddelijke mannelijke principe—te ontvangen. Niettemin is het leven cyclisch van aard en heeft het vernieuwing en wedergeboorte nodig. En dus is Isis, de vrouw, constant bezig met het vernieuwen van de ziel, zodat creatie eeuwig voort kan blijven duren. Het hart van Isis kan niet leven zonder de ziel—het mannelijke principe—Osiris.

En daarom zijn Isis en Osiris het hart en de ziel van het universum.

Het Hart

Het goddelijke hart, hoewel op mysterieuze wijze verbonden met het fysieke hart van elk individu, is niet van vlees en bloed. In tegenstelling tot het Nederlandse "hart", is de aard ervan eerder intellectueel dan emotioneel, maar waar het intellect geen echte kennis van de Goddelijkheid kan krijgen, is het goddelijke hart in staat om de essentie van alle dingen te kennen en wanneer het wordt verlicht door geloof en kennis zal het de hele inhoud van de goddelijke gedachte weerspiegelen.

Het gezuiverde goddelijke hart is deel van de mensheid die deelneemt aan de essentie van goddelijkheid.

Het hart is het orgaan van perceptie dat in staat is om alle niveaus van realiteit te kennen en kent zowel het Geheel als de delen. Het kan zijn dat wat het hart kent het meeste is dat een mens kan weten en dat is oneindig.

Het hart komt overeen met het *geweten* en wordt daarom geïdentificeerd met de totaliteit van alle organen van kennis.

Het hart kan worden gezien als de totaliteit van kwalitatieve en onderbewuste gaven, die op een verenigde manier functioneren.

Het hart kan worden gezien als het centrum van het onbewuste, de potentieel verbindende kracht in onze kern.

Het hart is het symbool voor contemplatie en innerlijk metafysisch contact.

Het hart bevat een contactpunt met de oneindige afmeting van de geest, de bron van alle kwaliteiten.

Het in ons hart houden van het Goddelijke houdt in dat het Goddelijke onze realiteit wordt. Deze essentie zal onze essentie worden. Deze Kracht zal onze kracht worden. Dit Geheel is ons geheel.

Het hart is het punt waar de individuele mens het dichtst bij de Goddelijke Realiteit staat.

De Ziel

Het hart bevat de ziel—Levensadem.

Het begin van de adem is als een goddelijke manifestatie van het potentiële om net zolang onafgebroken verder te gaan totdat de vorm is voltooid en geperfectioneerd.

Er is één enkele adem die de bron is van de andere en die adem ontstaat in het hart, vloeit daarna doorheen de belangrijkste centra van het lichaam en blijft er lang genoeg in hangen om hen zijn respectievelijke natuurlijke eigenschappen te onthullen.

Het is deze met het hart geassocieerde hoofdadem die wordt geïdentificeerd met de kracht van leven zelf en die de link vormt tussen de lichamelijke, subtiele en spirituele aspecten van het wezen van de mens. Het is de menselijke adem die het perfecte evenwicht en de balans van de elementen mogelijk maakt; de noodzakelijke vereiste voor de manifestatie van het Intellect.

De adem fungeert als de link tussen de fysieke, psychische en spirituele werelden en speelt een belangrijke rol in niet alleen de fysiologische functies van het menselijke wezen, maar ook bij zijn verlossing van het leven van het lichaam.

Zuivering van Hart en Ziel—Wil en Weg

Het hart bevat een contactpunt met de oneindige afmeting van de Ziel, de bron van alle kwaliteiten. Als we de Ziel in plaats van ons ego over onze harten laten heersen, stroomt er nieuw leven in. In die fase beginnen we onszelf te zuiveren van mentale afleidingen en projecties. We laten ons eigen beeld verdwijnen, onze narcistische ficties. We leren hoe we onze denkprocessen in lijn kunnen houden met de Goddelijke Realiteit dankzij een meer bewuste relatie ermee. We beginnen de Goddelijke Realiteit duidelijker te zien in de verscheidenheid aan vormen.

Het hart kan worden gezien als de totaliteit van kwalitatieve en onderbewuste gaven, die op een verenigde manier functioneren. Eenmaal geactiveerd, zullen deze gaven elkaar ondersteunen en verlichten, net als de oog-handcoördinatie superieur is aan alleen aanraken of zien. Hoewel deze functies gescheiden van elkaar lijken te zijn, hebben ze een verenigd doel voor ogen, dat is het weten over de eenheid voorbij de verscheidenheid. Zij zijn de manier van het subtiele zenuwstelsel om eenheid te realiseren.

Het doorgronden van het menselijke hart en de onthulling van de spirituele kwaliteiten ervan is het werk van al het leven, kunst, spiritualiteit. Ons doel in het leven is om het hart te leren kennen zonder onze angsten, zorgen, wensen en strategieën. Het menselijke hart is een hologram van de zichtbare en onzichtbare universa, het deel dat het geheel weerspiegelt.

De **zuivering van het hart** is een uitgebreide opleiding met fysieke, intellectuele, psychologische en morele kanten. En toch is al dit werk doeltreffender als het verder kan gaan binnen de grenzeloze context van het hart.

Men moet een zuiver hart krijgen om Isis te kunnen worden. De aspirant in het Egyptische model leert zijn innerlijke zelf te zuiveren door ondeugden te temmen en door de tegenhangers ervan in het openbare leven te beoefenen. Kennis wordt via de hersenen en als ervaring verkregen.

De innerlijke zuivering moet worden voltooid door goed sociaal gedrag te vertonen in het normale dagelijkse leven. Elke handeling moet een indruk achterlaten op het hart. Het innerlijke wezen van een persoon is in werkelijkheid de weerspiegeling van zijn daden en handelingen. Het verrichten van goede daden creëert goede innerlijke kwaliteiten; de deugden die op het hart worden gelegd, beheersen op hun beurt de handelingen van de ledematen. Elke handeling, gedachte of daad laat een indruk achter op het hart; het wordt een attribuut van de persoon.

Dit volwassen worden van de ziel door verkregen attributen zorgt voor progressieve mystieke visies en de ultieme vereniging met het Goddelijke. Ook geldt dat de kennis, verkregen door zowel het intellect als de intuïtie, de bron is van deugden die moeten worden beoefend in het dagelijkse leven. De strijd om deugden en de visie van het Goddelijke zijn allemaal aspecten van een enkele progressieve prestatie waarbij de aspirant wijzer wordt tijdens de afgelegde weg, totdat hij de totaliteit van het wezen behaalt die de mystieke visie en normale vroomheid tegelijkertijd bereikt. [Meer informatie over dit onderwerp is te vinden in *Egyptian Mystics: Seekers of the Way* door Moustafa Gadalla.]

4

SELECTE BIBLIOGRAFIE

Ameen, Ahmed, *The Egyptian Customs, Traditions and Expressions*, Cairo, 1999 [Arabische tekst].

Baines, John en Jaromir Málek, *Atlas of Ancient Egypt*, New York, 1994.

Bleeker, C. J. *Egyptian Festivals: Enactments of Religious Renewal*, Leiden, 1967.

Breasted, James Henry, *Ancient Records of Egypt*, 3 Vols., Chicago, USA, 1927.

Budge, E. A. Wallis, *Amulets and Superstitions*, New York, 1978.

Budge, E. A. Wallis, *Cleopatra's Needles and Other Egyptian Obelisks*, London, 1926.

Budge, E. A. Wallis, *The Decrees of Memphis and Canopis*, 3 Vols., London, 1904.

Budge, E. A. Wallis, *Egyptische taal: Easy Lessons in Egyptian Hieroglyphics*, New York, 1983.

Budge, E. A. Wallis. *Egyptian Magic*, New York, 1971.

Budge, E. A. Wallis, *Egyptische religie: Egyptian Ideas of the Future Life*, London, 1975.

Budge, E. A. Wallis, *From Fetish to God in Ancient Egypt*, London, 1934.

Budge, E. A. Wallis, *The Gods of the Egyptians*, 2 volumes, New York, 1969.

Budge, Wallis, *Osiris & The Egyptian Resurrection*, 2 volumes, New York, 1973.

Catholic Encyclopedia, Online editie, 1999, http://www.newadvent.org/cathen/

Clement Stromata Book V, chapter IV [www.piney.com/ Clement-Stromata-Five.html].

Diodoros van Sicilië *Boeken I, II en IV*, vert. door C. H. Oldfather, London, 1964.

Diodoros van Sicilië, *Vol. 1*, vert. door C. H. Oldfather, London.

Egyptian Book of the Dead (The Book of Going Forth by Day), The Papyrus of Ani, USA, 1991.

Erman, Adolf, *Life in Ancient Egypt*, New York, 1971.

Farouk Ahmed Moustafa, *The Mouleds: A Study in the Popular Customs and Traditions in Egypt*, Alexandria, 1981 [Arabische tekst].

Findlen, Paula, Ed. *Athanasius Kircher: The Last Man Who Knew Everything*, New York, 2004.

Gadalla, Moustafa:

– *Ancient Egyptian Culture Revealed*, USA, 2007.

– *Egyptian Cosmology: The Animated Universe – 2nd edition.* USA, 2001.

– *Egyptian Divinities: The All Who Are THE ONE*, USA, 2001.

– *Egyptian Harmony: The Visual Music*, USA, 2000.

– *Egyptian Mystics: Seekers of the Way*, USA, 2003.

– *Egyptian Rhythm: The Heavenly Melodies*, USA, 2002.

– *Egyptian Romany: The Essence of Hispania*, USA, 2004.

– *Historical Deception: The Untold Story of Ancient Egypt*, USA, 1999.

– *The Ancient Egyptian Roots of Christianity*, USA, 2007.

Gilsenan, Michael, *Saint and Sufi in Modern Egypt*, Oxford, 1973.

Godwin, Joscelyn, *Athanasius Kircher: A Renaissance Man and the Quest for Lost Knowledge*, London, 1979.

Greek Orthodox Archdiocese of America, www.goarch.org. 2002.

Hare, Tom, *Remembering Osiris*, Stanford, CA, USA, 1999.

Herodotus, *The Histories*, vert. door Aubrey DeSelincourt, London, 1996.

Kastor, Joseph, *Wings of the Falcon, Life and Thought of Ancient Egypt*, USA, 1968.

Kircher, Athanasius, *Oedipus Aegyptiacus* (3 vols.), Rome, 1652-4.

Maxwell-Stuart, P. G., Ed. *The Occult in Early Modern Europe*, New York, USA, 1999.

Nicholson, Reynold A., *The Mystics of Islam*, New York, 1975.

Piankoff, Alexandre, *The Tomb of Ramesses VI*, New York, 1954.

Piankoff, Alexandre, *Mythological Papyri*, New York, 1957.

Piankoff, Alexandre, *The Litany of Re*, New York, 1964.

Piankoff, Alexandre, *The Pyramid of Unas Texts*, Princeton, NJ, USA, 1968.

Piankoff, Alexandre, *The Shrines of Tut-Ankh-Amon Texts*, New York, 1955.

Plato, *The Collected Dialogues of Plato including the Letters*, Edited by E. Hamilton & H. Cairns, New York, 1961.

Plotinus, *The Enneads*, in 6 volumes, vert. door A. H. Armstrong, London, 1978.

Plotinus, *The Enneads*, vert. door Stephen MacKenna, London, 1991.

Plutarch, *De Iside Et Osiride*, vert. door J. Gwyn Griffiths, Wales, U.K., 1970.

Plutarch, *Plutarch's Moralia, Volume V*, vert. door Frank Cole Babbitt, London, 1927.

Pritchard, James B., Ed. *Ancient Near Eastern Texts*, Princeton, NJ, USA, 1955.

Shafer, Byron E. (Ed.), *Religion in Ancient Egypt*, Ithaca, NY, USA, 1991.

Shah, Idries, *The Sufis*, New York, 1964.

Wilkinson, J. Gardner, *The Ancient Egyptians: Their Life and Customs*, London, 1988.

Enkele bronnen op Internet.

Veel referenties in het Arabisch.

BRONNEN EN NOTEN

De auteur heeft een erg goede kennis van enkele talen, zoals het Egyptisch en het Arabisch. Ook heeft hij een uitstekende kennis over de Islam, aangezien hij als moslim in Egypte is geboren en zijn hele leven is beïnvloed door Islamitische studies.

Verwijzingen naar bronnen in de vorige sectie, de Selecte bibliografie, worden alleen gebruikt ter verwijzing naar feiten, gebeurtenissen en data –niet voor de interpretatie van dergelijke informatie.

Er mag niet worden vergeten dat als er een verwijzing wordt gemaakt naar een van de boeken van Moustafa Gadalla, elk van zijn boeken appendices bevat voor de eigen bibliografie en ook gedetailleerde Bronnen en Noten.

Hoofdstuk 1: De moeder van creatie

1.1 Haar naam
Gadalla [Kosmologie, godheden], Plutarchus, Budge [alle boeken]

1.2 De universele baarmoeder
Gadalla [Kosmologie, godheden], Plutarchus, Budge [alle boeken], Kastor, Piankoff [alle boeken]

1.3 De Ene en het Al—Atoem
Gadalla [Kosmologie, godheden], Plutarchus, Budge [alle boeken], Kastor, Piankoff [alle boeken]

1.4 Ra:De gemanifesteerde Atoem—Atoem-Ra
Gadalla [Kosmologie, godheden], Budge [alle boeken], Kastor, Piankoff [alle boeken]

1.5 Isis: Het beeld van Atoem
Gadalla [Kosmologie, godheden], Plutarchus, Budge [alle boeken], Kastor, Piankoff [alle boeken]

1.6 Isis: De vrouwelijke Ra
Gadalla [Kosmologie, godheden], Budge [alle boeken], Kastor, Piankoff [alle boeken]

1.7 Isis: De Hondsster
Gadalla [Kosmologie, godheden], Budge [alle boeken], Kastor, Piankoff [alle boeken]

1.8 Het hart (Isis) verwekt de Ziel (Osiris)
Gadalla [Kosmologie, godheden], Budge [alle boeken], Kastor, Piankoff [alle boeken]

Hoofdstuk 2: Het Dualisme van Isis

2.1 Het Dualisme van de Goddelijke Intelligentie
Gadalla [Kosmologie, godheden], Budge [alle boeken], Kastor, Piankoff [alle boeken]

2.2 De Dualistische aard van de Cyclus van Creatie
Gadalla [Kosmologie, godheden], Budge [alle boeken], Kastor, Piankoff [alle boeken]

2.3 De Dualistische aard van de Universele Baarmoeder
Gadalla [Kosmologie, godheden], Plutarchus, Budge [alle boeken], Kastor, Piankoff [alle boeken]

2.4 De Twee Vrouwen en het Diadeem
Gadalla [Kosmologie, godheden], Budge [alle boeken], Kastor, Piankoff [alle boeken]

Hoofdstuk 3: Isis en Osiris—Het dynamische duo

3.1 Dualisme in het Oude Egypte
Gadalla [Kosmologie, godheden], Budge [alle boeken], Kastor, Piankoff [alle boeken], Diodoros

3.2 Isis en Osiris als de principes van de zon en de maan
Gadalla [*Kosmologie*, Godheden], Budge [alle boeken], Kastor, Piankoff [alle boeken], Diodoros

3.3 Isis en Osiris en de vier elementen van creatie
Gadalla [*Kosmologie, Godheden]*, Budge [alle boeken], Kastor, Piankoff [alle boeken], Plutarchus

3.4 De sociale rol van Isis en Osiris
Gadalla [Kosmologie, godheden], Budge [alle boeken], Kastor, Piankoff [alle boeken]

Hoofdstuk 4: De Moeder van "God"

4.1 Allegorie en fictief verhaal
Gadalla [Kosmologie, Christendom], Budge [alle boeken]

4.2 Maria Isis
Gadalla [Kosmologie, Christendom], Budge [alle boeken]

4.3 Goddelijke en onbevlekte ontvangenis
Gadalla [Kosmologie, Christendom], Budge [alle boeken]

4.4 De Moeder van "God"
Gadalla [Kosmologie, Christendom], Budge [alle boeken]

4.5 Maria Isis en de kindervlucht naar Egypte
Gadalla [Kosmologie, Christendom], Budge [alle boeken]

4.6 De goddelijke offerande
Gadalla [Kosmologie, Christendom, Romani], Budge [alle boeken]

Hoofdstuk 5: De numerologie van Isis en Osiris

5.1 De primaire getallen van Isis en Osiris (2 en 3)
Gadalla [Harmonie, Kosmologie], Plutarchus

5.2 Het wezenlijke dat aantallen gedaantes en vormen genereert
Gadalla [Harmonie]

5.3 De muzikale dynamo—De generator van de muzikale Vijfde—Basis van harmonie
Gadalla [Harmonie, Ritme], Plutarchus

5.4 Het binaire en ternaire universele ritme
Gadalla [Ritme]

Hoofdstuk 6: Het grote aantal attributen van Isis

Budge [alle boeken], Gadalla [Godheden, Kosmologie, Harmonie, Ritme, Romani, Christendom], Plutarchus, Diodoros, Kastor, Piankoff [alle boeken], Erman

Hoofdstuk 7: De Beminde in alle landen

7.1 De verspreiding van de Egyptische religie
Budge [Osiris, Goden], Gadalla [Cultuur, Mystiek, Romani, Christendom], Herodotus, Plutarchus

7.2 Het kosmische belang van de Egyptische festivals
Gadalla [Mystiek, Romani, Christendom], Bleeker, Plutarchus

7.3 De moeraskoningin
Gadalla [Mystiek, Romani, Christendom], Budge [Osiris]

Gadalla [Mystiek, Kosmologie, Christendom], Budge [Osiris, Goden], Diodoros, Plutarchus, Shah, Nicholson.

www.ingramcontent.com/pod-product-compliance
Lightning Source LLC
Chambersburg PA
CBHW071332150726
47997CB00002B/689